AF366385

MÉMOIRE

DU S^R FRANÇOIS CABARRUS,

POUR LA CRÉATION

D'UNE BANQUE NATIONALE,

PRESENTÉ

A SA MAJESTÉ CATHOLIQUE

PAR

LE· COMTE DE FLORIDABLANCA,

SON PREMIER SECRETAIRE D'ÉTAT,

LE 22 OCTOBRE 1781,

IMPRIMÉ PAR ORDRE DU ROI,

A MADRID.

CHEZ J. IBARRA IMPRIMEUR DE S. M.

MDCCLXXXII.

[illegible]

[illegible]

[illegible]

[illegible]

[illegible]

[illegible]

[illegible]

(1)

S I R E.

Établi depuis plusieurs années dans le Royaume de V. M. je m'y suis appliqué non seulement tout entier à l'exercice de ma profession, mais encore à l'étude particuliére du commerce de l'Espagne, des causes de sa décadence (1), et des moyens

a 2

(1) La prospérité ou le malheur d'une nation tient à ses institutions et à ses loix. L'homme, dans le sens politique, n'est guères que ce que la loi veut qu'il soit; appliqué, actif, industrieux si elle l'encourage, le soutient et veille à sa sureté; fainéant et sans activité si elle l'opprime, si elle pese sur ces chaînes et lui ravit l'espoir d'un meilleur sort. L'histoire de chaque nation, celle de chaque siecle attestent cette vérité; mais sans aller en chercher les preuves dans des sources éloignées de nous, nous les trouverons dansle Code de nos loix, pour peu que nous voulions le méditer. Il n'est pas un désordre, il n'est pas un mal politique qui n'ait sa cause dans quelque antique loi, ou dans quelque mesure défectueuse. Ce sont les privilèges accordés aux propriétaires des troupeaux qui font gémir l'agriculture; elle souffre aussi de ces substitutions perpétuelles qui rendent les terres inaliénables; elle se ressent encore des coups que lui a portés l'ancienne police des grains; il faut attribuer la contrebande non seulement à l'excès des droits impo-

de le rétablir dans son ancienne splendeur, en mettant à profit les avantages que la nature semble avoir prodigués à ces belles contrées.

Né et elevé dans le sein du commerce, mais bien convaincu que les connoissances générales que donne l'éducation étoient d'un faible secours sans la science des faits qui les rend applicables à l'administration de chaque état, j'ai tâché de rectifier, d'étendre mes premieres notions par la lecture et la méditation des ouvrages économiques qu'ont publiés les Nationaux, et les étrangers ; par la fréquentation de plusieurs Espagnols sages et eclairés (1);

sés sur l'introduction de certaines marchandises, mais aussi à ce qu'ils n'ont pas été fixés d'après le plus ou le moins de possibilité qu'il y a de les éluder. Je ne ferai pas ici une longue analise de toutes les loix économiques qu'on pourroit trouver contradictoires et destructives de la prosperité publique ; mais j'ose croire qu'en parcourant sans prévention toutes celles qui ont été publiées depuis Charles-quint, on verra par qu'elles gradations succéssives le Royaume seroit parvenu à sa décadence totale, si Philippe V. et ses augustes succésseurs n'etoient venus à son secours.

(1) Notre nation est celle qui a le plus négligé la discussion des objets de l'économie politique. Les étrangers qui ont eu le courage imprudent de les traiter, n'y ont réussi que bien médiocrement ; c'est qu'ils manquoient de ces connoissances pratiques, veritable et seule base sur laqu'elle doit porter tout bon raisonnement dans cette matiere. J'ai fait mon possible pour éviter cet écueil, en faisant par moi même des observations et des recherches ; et, je le répete, les entretiens et la

et par les observations que m'a fourni une expérience habituelle.

Sans entreprendre d'exposer à V. M. les résultats de ces observations, je me bornerai à l'assurer que si la Monarchie est en proie à une sorte de langueur, il faut s'en prendre moins à la rareté du numéraire, comme quelques uns le croient, qu'à la prodigieuse inégalité de la distribution des richesses (1), et à la lenteur de leur circulation.

Le premier de ces deux vices n'entre point aujourd'huy dans mon plan. La propriété, ce lien sacré auquel on ne

frequentation de quelques personnes éclairées de cette Nation m'ont plus appris que beaucoup de ces livres, où je croyais puiser les lumieres à leur source. Ces citoyens vertueux et sensés ont bien voulu diriger et seconder mes efforts. Ils n'ont pas dédaigné de corriger mes esquisses informes, et de rectifiér mes idées. Ce n'est que par ménagement pour leur modestie que j'évite de les nommer. Je ne veux pas dailleurs courir le risque de voir la malignité attribuer à une adulation aussi inutile que peu digne deux, un hommage que je ne fais que rendre à la vérité.

(1) L'inégale distribution des richesses, quelque soit son origine, est un de ces maux auxquels on ne doit apporter des remedes, qu'avec beaucoup de menagement et de prudence. Le législateur qui les administre marche entre deux écueils contre lesquels il peut échouer. Si d'un côté la conservation de la Société est la loi Suprême à la qu'elle tout doit ceder, de l'autre la proprieté des individus est une loi fondamentale qu'on ne saurait trop respecter. Prendre un milieu entre ces deux extrêmités est diffi-

peut toucher, sans ébranler jusques dans ses fondements tout l'édifice Social, merite les plus grands égards ; et le législateur imprudent qui oseroit l'attaquer ouvertement, bouleverseroit l'état, et causeroit une crise et des convulsions plus dangereuses, peut être, que les abus qu'il voudrait réformer. Mais le remede au second de ces deux maux est tout entier dans les mains bienfaisantes de V. M. qui par des loix indirectes, telles que doivent être toutes les loix économiques, peut corriger la distribution vicieuse des richesses, en rendant leur circulation plus aisée et plus

cile, à la verité, mais n'est pas impossible : le plus grand des maux est de les croire irremediables, aidé par la prudence et l'expérience on peut corriger les loix à l'ombre desqu'elles s'est élevée et se soutient cette fatale inégalité des possesions en Espagne. A la tête de ces loix, je vois s'avancer le Systême des contributions ; c'est lui sur tout qui produit ou la prospérité ou la décadence des états. Si les sollicitudes paternelles du Roi et de son sage Ministere ont mieux aimé contracter une dette nationale, pour subvenir aux besoins urgens de la guerre, que dadopter les moynes ruineux auxquels on recourait autre fois dans les tems de crise ; si aujourd'hui l'on établit une banque pour faciliter la circulation des effets Royaux qui constituent cette dette, pour quoi n'espererait-on pas que non seulement on s'occupera de l'eteindre, aussi tôt que les circonstances le permetront, mais encore qu'on formera un nouveau Systême d'impositions qui rende leur percéption plus simple, plus naturelle, plus avantageuse pour le fisc du Roi, et leur poids plus leger pour chacun de ses Sujets?

rapide. La Nation Espagnole n'a point la défiance que lui prêtent trop communément l'ignorance ou la malignité : à peine a-t-elle vu former dans son Sein quelques compagnies, dont l'objet apparent etoit de proteger le commerce et l'industrie, que l'argent des particuliers est sorti des dépots où il était enseveli, et s'est porté abondamment vers ses nouveaux établissements : heureuse la Monarchie, si ces compagnies avaient eû pour objet le bien public, et non un monopole odieux ! on croyoit alors que le commerce devait se faire par des compagnies ; et c'est ainsi que l'esprit humain commence presque toujours par épuiser toutes les erreurs, avant de trouver la route simple et facile de la vérité.

On approuva, on protegea ces compagnies, parce qu'elles presentaient les apparences spécieuses de l'utilité publique : on ne vit pas qu'elles ajoutaient aux vices de la législation, en concentrant cette nouvelle source de richesses dans un petit nombre de Citoyens ; et que toute loi qui n'a pas pour objet le plus grand nombre, est dictée par l'avarice, et non par l'équité (1).

a 4

(1) On compare ordinairement les compagnies de

Je ne designerai point ici celles de ces compagnies qui ont survécu à toutes les autres , parceque mon but n'est point

commerce à ces lisieres qui servent à soutenir les pas chançelants de l'enfance : quand un etablissement est encore faible , leur secours est non seulement commode, mais même nécéssaire ; mais quand elles ont une fois consolidé les progrès de l'industrie , elles ne sont plus que des entraves propres à embarrasser sa marche, Vers la fin du siecle passé, le Royaume recevoit presque tous les objets de sa consommation par les mains des étrangers , qui étoient pour ainsi dire les seuls commerçants. Quelques nationaux commençerent à les imiter , et pour pouvoir soutenir leur concurrence , ils alloient chercher les Marchandises à Bayonne , à Oleron , ou bien les demandoient à Genes et Marseille. Cétoit alors le plus grand effort de l'industrie ; mais enfin ces commerçants nationaux se réunirent et convinrent de rassembler leurs forces. Par ce moyen ils obtinrent assez de crédit pour que les fabriques leur confiassent leurs productions , et fussent en état de faire face aux pertes et aux risques qu'entrainoient ces premiers essais dans une carriere où ils n'avançoient pour ainsi dire qu'a tâtons. L'objet de ces compagnies fut donc , en réunissant les facultés de plusieurs , de former un magasin général où chaque individu put venir commodément et avec sureté se pourvoir des marchandises de son trafic particulier. Les compagnies ne me nuissent en rien ; aucune passion , aucune animosité particuliere ne m'a dicté les réfléctions dont elles sont l'objet ; mais elles me paraissent avoir des inconveñiens politiques , et je l'ai dit avec la même franchire dont je suis convenu du bien qu'elles ont produit dans leur principe. J'ajouterai en l'honneur de la verité , que celle qui est connue sous le nom des *Cinco Gremios* n'a pas fait tout le mal qu'elle pouvoit faire certainement. Il dépendoit d'elle de détruire notre Agriculture , lors qu'on remit en même tems entre ses mains la ferme de l'impot de *l'Escusado* , et l'approvisionnement de l'armée et quelle se trouva ainsi seule en possession de vendre et d'acheter les grains.

d'en offenser aucune ; mais j'affirmerai hautement que toute Compagnie composée d'une seule classe de Citoyens dans la capitale d'une vaste Monarchie, qu'une Compagnie qui exclut tout le reste de la nation, qu'une Compagnie qui force, au défaut d'autres plaçements lucratifs, tous les particuliers aisés du Royaume à lui prêter leurs fonds, pour en retirer le modique intérêt de 2. et 2. $\frac{1}{2}$ pour 100., et qui partage entre ses individus le bénéfice immense que doivent lui laisser des fonds obtenus à si grand marché, et employés aussi avantageusement que le lui permet la protection du Gouvernement; j'affirmerai, Sire, qu'une pareille compagnie est essentiellement nuisible et destructive, parceque réduisant le Royaume à un esclavage odieux, elle forme aux dépens de la sueur, du travail et des facultés du plus grand nombre, une excroissance de Richesses dans le plus petit.

Qui pourra en effet soutenir la concurrence d'une Compagnie, qui, toujours surabondante dans ses moyens, ne connoit jamais l'impérieuse nécéssité ? qui pouvant payer et plus promptement et plus cher toutes les marchandises de l'etranger, peut

les reunir toutes dans ses mains ? qui embrasse à la fois les grandes spéculations
du commerce, et les profits les plus sub-
divisés du detail ? qui enfin, loin d'apla-
nir les obstacles qui empêchent les progrès de l'industrie des particuliers, les
ralentit en la réduisant par l'inégalité à une
dépendance servile et funeste ?

C'est en considérant tous ces inconvenients, qui échapperent à l'Administration
publique, lorsqu'elle approuva ces Compagnies, que jái conçu l'idée de proposer à V. M. la création d'une Banque Nationale, et d'une Caisse générale d'escompte adaptée à la constitution de l'Espagne, et qui se trouvant à l'abri des des-
ordres que j'ai exposé ci-dessus, prévienne
leur introduction dans de nouveaux établissements.

J'ai crû premierement, que dans un pais
où la législation rend tous les terreins inaliénables, et où par conséquent les particuliers aisés ne trouvent point à emplo-
yer leurs fonds, il était utile et même nécessaire de leur présenter cet emploi ; mais
qu'il étoit juste en même temps quils fussent actionnaires, et non preteurs ; je veux
dire, que chacun d'eux retirat, sans le
moindre rabais, de la masse des bénéfices

généraux, une part proportionnée au nombre de ses actions.

En partant du même principe de justice, j'ai crû en second lieu que le montant ou capital de chaque action devoit
n'être qu'une somme très-modique , afin
qu'aucun des Sujets de V. M. ne se trouvât exclu des avantages qui résulteront de
cet établissement.

J'ai crû également , que le seul but de
cette Banque devant être de faciliter et
d'animer l'industrie et le commerce de la
Nation , elle ne devoit par aucun motif
entreprendre des opérations mercantiles,
afin de ne pas entraver l'activité des particuliers. S'il en étoit autrement, elle pourroit à la faveur des fonds considérables
qui seroient en son pouvoir, affaiblir les
efforts des autres individus isolés de l'état;
vice essentiel , qui comme je crois l'avoir
démontré, entraine de graves inconvenients;
et s'occuper de sa guérison, c'est travai-
ller à la prospérité du corps politique.

Il m'a paru que V. M. tenoit dans sa
main un excéllent moyen de concilier les
intérêts de ses finances , avec ceux de cet
établissement , et de procurer à ses actionnaires un intérêt capable de les déterminer à y
plaçer leurs fonds ; c'est de lui confier l'ad-

ministration de tous les approvisionnements, tant de vos troupes que de ses Es-
cadres, en lui accordant pour cet objet
une commission de 10. pour 100. Je crois
apperçevoir trois avantages bien réels dans
ce moyen : on y gagnera du côté de la sûreté et de l'économie ; le service de V. M.
en sera mieux fait (1) ; mais ce qui me
frappe par dessus tout, c'est que cet ar-
rangement repartirait, entre un grand nombre de Sujets, un gain que partagent au-
jour d'hui 3. ou 4. entrepreneurs, et qui
alimenterait tout le monde, sans donner à
personne une opulence nuisible au bien
public.

Enfin, j'ai crû qu'il étoit convenable
de laisser à cet établissement toute la liberté possible, parce qu'elle seule peut
consolider la confiance ; et je suis per-
suadé que V. M. qui n'est jalouse de Son
autorité, qu'autant qu'elle peut l'emplo-
yer à l'avantage de ses peuples, se plai-
ra à leur donner cette preuve d'amour,
et se contentera de la gloire d'être l'au-

____

(1) Je n'entends parler que de la méthode qu'on
employe ; quant au personnel de ceux qui sont actuellement chargés de ce service, je connois et vé-
nére leur mérite et leur intégrité ; je dois même un
tribut d'éloges à la maniere dont ils remplissent leurs
fonctions, et je m'honore de leur amitié,

teur et le protecteur d'un établissement aussi utile et aussi nécéssaire.

En suivant ces regles fondamentales, Sire , je propose à V. M. la formation d'une Banque, et d'une Caisse générale de réductions qui aura trois objets ; celui d'escompter et de réduire en argent comptant les lettres de change , billets d'état, billets à ordre (1), avec un intérêt à raison de 4. pour 100. par an ; celui d'administrer (2) pour un droit de commission de 10. pour 100. les approvisionnements des Troupes de la Marine de V. M. et autres branches qui appartienent à son Service, tant audedans qu'au dehors du Royaume; enfin, celui de satisfaire, pour une commission d'un pour 100. , toutes les obligations de la Caisse Royale connue

(1) S. M. selon la seconde régle établie dans sa Cédule veut opposer une digue au penchant naturel qui porte tous les corps à étendre les bornes de leurs institutions , en usurpant des priviléges et en s'arrogeant des droits : dans cette vue Elle déclare sagement que la Banque, pour l'objet dont il s'agit ici , n'aura point de facultés éxclusives qui empechent les particuliers de se livrer aux mêmes opérations.

(2) S. M. attendra que les comptes de la Banque , à l'expiration du terme pour lequel elle obtient l'administration des approvisionnements, prouve que cette voie est la plus économique pour prolonger cette administration , si Elle le juge plus conforme à ses interêts , ou pour le lui donner par entreprise , si la Banque elle même y trouve son compte. V. l'art. 3. de la Cédule.

(12)

Sous le nom de *Real giro*.

Les circonstances ne sauroient être plus favorables à l'établissement proposé ; la bonté paternelle de V. M. pour ses Sujets; les mesures les plus sages adoptées sous Son regne glorieux, vont concourir toutes ensemble pour en assurer le succés. Les nations rivales de la Vôtre, Sire, n'ont plus actuellement autant de facilités pour s'opposer aux progrès du bien public dans les états de V. M. ; et la Providence semble avoir réservé à l'époque fortunée de son regne la formation de ce grand ouvrage, qui tournera au profit du commerce et de l'industrie de ses fideles Sujets, ranimera les ressorts de la Monarchie, et réparera les maux que lui a causé pendant les deux siecles précédents, une administration essentiellement vicieuse et destructive. Si V. M. daignoit admettre la proposition que j'ose lui presénter, les articles suivants exposeroient la quantité de fonds dont la Banque devroit être composée, son gouvernement économique, et la marche de ses opérations.

FONDS DE LA BANQUE,
ET ARTICLES
QUI Y ONT RAPPORT.

1 La Banque, et Caisse générale d'escompte, sous la protection de S. Charles, composera ses fonds de 150. mille actions de 2000. Réaux.v.ⁿ chacune ; et son principal formera en totalité 15. millons de piastres fortes non compris l'augmentation annuelle du nombre des actions, ainsi qu'il sera expliqué à l'art. 8.

2 Toutes personnes de quelqu'état, qualité ou condition qu'elles soient, sans en excepter les Ordres réguliers, ni leurs individus, pourront acquérir ces actions, les céder ou les endosser, (ainsi qu'on en use avec les lettres de change) pour plus ou moins de valeur selon que le crédit de la Banque haussera ou baissera dans l'opinion publique.

3 Tous ceux qui voudront prendre des actions dans cette Banque, devront dans le terme de six mois, à compter du jour où se sera publiée l'approbation de V. M. s'adresser à moi, et souscrire entre mes mains, pour la quantité qui leur conviendra ; et V. M. daignera m'autoriser à cette

fin. Dans la premiere Junte que tiendront les actionnaires, (conformément à ce qui est reglé par l'art. 4.) je remettrai au Caissier général, qui y sera nommé, toutes les souscriptions, et le nombre complet des actions, afin qu'il puisse, en recevant le montant des souscriptions, distribuer les actions aux interéssés.

4 Aussitôt qu'il y aura des souscriptions pour la valeur de 6.000.000. de piastres, on célébrera la premiere Junte, suivant les dispositions de l'art. 16, et la Banque commençera ses opérations. Toutes les autres actions qui, à l'expiration du terme de 6. mois fixé par l'art. 3. n'auroient pas été prises par souscription, appartiendront aux fonds de la Banque; et les Directeurs pourront les négocier, même à un prix audessus de leur valeur primitive, suivant qu'ils le jugeront convenable.

5 En payement du capital des actions, on admetra l'argent comptant, les billets que V. M. a fait expédier par son Trésorier général, et les lettres de change acceptées par des commerçants accrédités; les billets d'état pour toute leur valeur (1)

(1) De cette façon ces billets seront au pair avec l'argent comptant, et l'on n'éprouvera aucun inconvenient dans leur circulation. V. l'art. 10. de la Cédule.

avec l'interêt qu'ils porteront , conformément aux dispositions de la Cédule qui en établit le cours , et les lettres avec la déduction ou l'escompte de 4. pour 100. suivant les usages du commerce.

6 Les actions seront formées sur le modele ci-joint, et seront signées de moi, et de trois autres personnes du pays , connues du Public , qui devront coopérer au succès de l'entreprise , ainsi que par le Notaire Benoit Briz ; et lorsqu'on les remettra aux intéressés , elles seront parafées par le Caissier et le teneur de livres de la Banque.

7 Aussitôt que dans la premiere Junte, on aura procédé à la nomination du Caissier , il commencera l'exercice de ses fonctions en recevant de ma main , et de celle des personnes que V. M. aura jugé à propos de m'associer, les 150. mille actions. Il remettra ensuite aux souscripteurs celles qui leur appartiendront après en avoir reçu le montant , conformément à l'art. 5. et gardera les autres en caisse, pour les vendre ou les négocier de la maniére que les Directeurs l'auront réglé.

8 Quoique le nombre des actions, dont cette Banque à été composée à l'époque de sa création, soit de 150. mille;

aussitôt qu'on sera assuré qu'elles sont toutes placées dans les mains des particuliers,
on les augmentera de 3000. tous les trois
ans , et ces nouvelles actions seront négo-
ciées par la Banque, comme les préce-
dentes , pour éviter absolument tous monopoles , et qu'aucun Citoyen ne se trouve exclus des avantages que produira cet
établissement.

Gouvernement économique de la Banque.

9 Le gouvernement économique de la
Banque sera confié à 8. Directeurs , dont
deux à perpetuité , et les 6. autres seulement pour un an (1). Ils seront tous
élus à la pluralité des voix, dans la Junte générale ; mais comme l'administration
et l'approvisionnement des Troupes et de
la Marine de V. M. demandent des connoissances practiques et particulieres de
ces deux branches , et que ces connoissances ne se rencontrent pas communé-

____

(1) Le Roi ordonne par l'art. 13. de sa Cédule que
les 6. Directeurs seront biennaux , et qu'à chaque élection 3. seulement seront déplaçés. Par cette sage résolution S. M. obvie à l'inconvenient de les changer
tous 6. à la fois ; ensorte qu'il y aura toujours comme ce la est nécessaire des personnes qui se trouveront au fait de l'administration de cet établissement.

ment , les fonctions des Directeurs char‑
gés de cette commission , ne doivent pas
être limitées pour le tems. La junte nom‑
mera quatre Sujets , et les presentera par
la voie du Secretaire d'état du departe‑
ment des finances , afin que V. M. cho‑
isisse les Celles deux qu'elle jugera à pro‑
pos ; ainsi la junte en les presentant , et
V. M. en les choisissant pourront s'assurer
respectivement de leur probité et de leur
aptitude.

10   Ces deux Directeurs seront en fonc‑
tions pour un tems illimité , et chacun d'eux
jouira d'un apointement de 50. mille réaux
de vellon par an ; mais ni dans les jon‑
tes générales , ni dans les particulieres,
ils n'auront pas plus de prérogatives que
les six autres , avec lesquels ils devront
arrèter à la pluralité des voix toutes les
résolutions qui seront prises.

11   Les six autres Directeurs serviront
sans salaire , et alternant chaque mois deux
par deux ; les deux qui seront en fonction
se tiendront au Bureau tous les jours du
tems de leur exercice , depuis dix heures
jusqu'à une heure après midi , excepté les
jours de fête de rigoureuse observance.

12   Personne ne sera élu Directeur , à
moins d'avoir 150. actions en propre dans

la Banque. Parmi les six Directeurs , trois au
moins devront etre des Commerçants à qui
on n'ait à reprocher ni faillite , ni suspension de payement. Pareille tâche les rendant incapables d'être dépositaires de la
confiance publique les trois autres pourront être élus indifferemment dans la
classe de la Noblesse , ou dans celle
des Citoyens ordinaires ; l'interêt que les
Actionnaires auront à ce que la Banque
soit bien administrée peut servir de caution,
que leur choix ne tombera sur personne
qui ne soit intelligente et à l'abri de tout
soupçon.

13   La Junte générale nommera un
Caissier , et un Teneur de livres, qui auront
un salaire convenable. Le premier , sur les
ordonnances des Directeurs , fera tous les
payements des deux Directions ; et le second toutés les écritures. Celui-ci recevra à
cet effet tous les jours une note des opérations journalieres signées par les Directeurs.
Les autres employés , qu'on croira nécéssaires pour le service des deux Directions , et
des entreprises dont elles seront chargées
seront nommés par les Directeurs , et leurs
apointements seront réglés suivant l'usage
reçu dans le commerce.

14   Pourque les écritures de ces établis-

sements soient tenues avec plus d'ordre , indépendamment du Teneur général de livres , qui réunira dans les siens toutes les
opérations , chaque Directeur aura son Teneur de livres particulier , et la Caisse aura
aussi le sien ; ensorte que celle-ci ne faisant aucun payement que sur l'ordre des
deux Directions , le Teneur général de livres examinera les opérations journalieres
des Teneurs particuliers des Directions , et
les comparera avec létat que ferá de son
côté chaque jour le Teneur de livres de la
Caisse.

15   Tous les ans , lors de la célébra-
tion de la Junte générale , on procédera à la nomination des nouveaux Directeurs , et on pourra prolonger les fonctions des ançiens ; et même sans attendre
cette époque , si quelqu' un des Directeurs en exercice faisoit banqueroute , ou
que par sa conduite il se rendît indigne
de sa place , les autres Directeurs pourront convoquer une Junte générale dans
ce cas , et dans tout autre quelconque
où ils le croiront convenable pour le bien
commun.

16   Les profits que la Banque retirera
de ses opérations , déduction faite de tous
les frais de l'administration , appartiendront

à tous les interessés au prorata du capital que chaqun d'eux aura en actions ; mais pour éviter la confusion qui accompagne inévitablement des assemblées trop nombreuses, on établit que pour avoir une voix dans les déliberations économiques, il faudra posséder 50. actions en propre (1); et les Actionnaires absents qui en auront le nombre, pourront voter par l'organe de leurs fondés de procuration ; de même aussi, plusieurs personnes pourront se réunir, pour former le nombre d'actions requis, et se concerter pour avoir un représentant commun ; bien entendu toutefois que quelque soit le nombre de pleins pouvoirs que réunisse un individu, il ne pourra jamais avoir qu'une voix.

17 A fin que les Juntes jouissent de toute la liberté si éssentielle au commerçe, elles ne pourront être présidées que par les Directeurs de la Banque (2); et le Gouver-

(1) Par l'art. 20. de sa Cédule S. M. établit que quiconque possedera 25. actions aura voix dans les assemblées ; preuve non équivoque de la générosité avec la quelle le Souverain veut affermir la liberté légale de la Banque, et gage certain de la sagesse et de la grandeur de ses vues, si differentes de la politique soupçonneuse et misérable des temps passés.

(2) S. M. par l'art. 21. de sa Cédule regle que les seuls Directeurs biennaux peuvent présider. Cette disposition a deux buts, celui de compenser par cet honneur le défaut d'émolumens, et celui déviter la

neur du Conseil se bornera à convoquer et à présider la premiere.

18 Si V. M. ou quelque Personne de sa Famille Royale vouloit avoir un intèrêt dans cet établissement, et prendre les 50. actions fixées par l'art. 9. pour avoir un suffrage, elle pourra l'exercer dans les Juntes par l'entremise de ses Trésoriers respectifs ; mais sans avoir plus de prépondérance que tout autre Actionnaire.

19 Si les Villes et Bourgs du Royaume convertissoient en actions de la Banque l'excédent de leurs Octrois (*Propios y Arbitrios*), le Procureur General Royaumes assisteroit à la Banque en leur nom (1).

20 La Banque se fermera tous les ans le 15. Decembre jusqu'au premier de Janvier ; et dans cet intervalle, on dressera un inventaire que signeront les huit Directeurs. On y rendra compte de toutes les opérations de la Banque, de l'approvisio-

b 4

défiance que pourroit inspirer cet emploi , s'il étoit exercé par les Directeurs des approvisionnements ; l'un par ce qu'ils servent sans limitation de temps ; et l'autre par ce qu'ils doivent répondre à la Banque de leurs opérations.

(1) S. M. ordonne par l'art. 23. de sa Cédule que le Procureur des Royaumes assistera , mais sans avoir de voix , aux jontes de la Banque , pour veiller sur l'accomplissement des loix fondamentales ; autre preuve de la bonne foi avec la quélle S. M. veut qu'on procéde pour la sureté de cet établissement.

mement des Troupes et de la Marine, ainsi que des dépenses; et après avoir lu cet état dans la Junte générale, on imprimera et on publiera dans les Gazettes un tableau des profits, en en donnant avis aux intéressés, à fin qu'ils puissent se présenter pour reçevoir ce qui leur reviendra, à raison de leurs capitaux.

21 A la fin de chaque mois, les deux Directeurs qui finiront leurs exercices, et ceux qui commenceront les leurs, assisteront à une revue générale de la Caisse, que fera le Caissier, et que signeront ces quatre Directeurs, à fin d'assurer la responsabilité des uns à l'égard des autres, et à fin qu'on sache précisément la situation et les opérations de la Banque.

22 Les Directeurs nommeront dans toutes les places de commerce, au dedans et au dehors du Royaume, les correspondants qu'ils jugeront nécéssaires, tant pour pourvoir aux differentes branches des approvisionements des Troupes et de la Marine, que pour faire les payements, ou les recouvrements que V. M. leur ordonnera, et qui sont actuellement du ressort de la Caisse Royale, connue sous le nom de *Real giro*. Les Directeurs feront ensorte de répartir ces differentes commissions, sui-

vant la connoissance qu'ils auront de l'intelligence et de la probité de chaque maison ; mais ils seront les maîtres de changer de correspondants , dèsqu'ils s'appercevront qu'ils ne justifient pas la confiance qu'on avoit en eux , et qu'ils répondent mal aux interêts de la Banque : toutes choses d'ailleurs égales , les maisons qui y auront des fonds seront préferées , afin qu'elles ayent un motif de plus pour contribuer à sa prospérité.

23 L'emploi de Directeur des approvisionnements , n'êtant pas limité dans sa durée , sera incompatible avec celui de Directeur de la Banque ; et afin qu'il y ait liberté et impartialité dans les résolutions, jamais deux individus d'une même maison ne pourront être Directeurs en même tems.

24 Quoique les Directeurs de la Banque , et ceux des approvisionnements , ayent la faculté de nommer par eux-mêmes les employés de leurs départements respectifs, ils ne pourront cependant les congédier, sans en alléguer les raisons dans une Junte particuliere de la Direction (1) ; méthode

(1) S. M. ordonne par l'art. 27. de sa Cédule que les Directeurs, dans les juntes particulieres , pourront quand ils le jugeront à propos congédier leurs employés sans en alléguer les raisons , et quils ne seront point obligés à soutenir des procès ni à répondre en justice

qui s'observera également , quand il s'agira de changer de correspondants.

25 Le Caissier, et le Teneur général de livres seront à perpétuité ; mais il faudra qu'ils tiennent leurs écritures à jour, afin qu'à toutes heures on puisse être instruit de la situation de la Banque.

26 La Banque, pour aucun motif, et sous aucun pretexte, ne pourra s'écarter des trois objets de son institution, ni se mêler d'aucun achât, d'aucune vente, ni de quelque spéculation de commerce que ce soit, afin de ne pas gêner les particuliers dans leurs opérations ; ce qui seroit diamétralement opposé au but qu'on s'est proposé dans sa formation.

27 Les étrangers pourront y avoir des actions en leur propre nom , ainsi que leur voix dans les Jontes de la Banque par l'organe de leurs fondés de procuration, pourvu que ceux-ci soient Espagnols et domiciliés en Espagne ; et en cas de guerre avec les Puissances dont il seront sujets, leur propriété sera regardée comme sacrée et sous la protection du Droit des Gens:

à cette occasion. Il n'a pas echappé à la sage pénétration de S. M. que des mesures contraires avoient de grands inconvenients que d'autres établissements leur devoient leur décadence, ils en jouiront comme en temps de paix, et pourront en disposer à leur gré. S'ils viennent à mourir, cette propriété appartiendra et passera à leurs heritiers, conformément aux loix de leur pays, des que leur droit aura été constaté devant le Conseil de Castille, par des lettres réquisitoriales de leurs Juges compétents.

28 S'il s'éleve un procès, ou une contestation entre la Banque et quelque particulier, ce sera aux Consulats d'en connaitre privativement; de ce Tribunal l'appel sera porté aux Audiences, et les *Fiscaux* seront les défenseurs de la Banque, comme d'un établissement public.

29 S'il y avoit dans la Banque une lettre de change, ou un billet à ordre, dont les trois endosseurs accrédités qui l'auroient signé vinsent à manquer, la Banque n'aura d'autre préférence à prétendre dans la concurrence sur les autres créanciers, que le rang qui lui appartiendra de droit; et comme il convient de réformer, à cette occasion, un abus qui s'est introduit dans quelques Tribunaux subalternes où l'on à admis des excéptions, quant à l'accéptation des lettres de change, V. M. daignera, en vertu de son autorité Souveraine, déclarer que cette accéptation est le

contrat le plus solemnel et le plus obliga-
toire (1); que conséquemment il ne peut
souffrir ni excéption, ni réclamation; et
que tout Commerçant quelconque, par le
seul fait de laisser protester son accéptation doit être réputé Banqueroutier, et en-
courir l'exécution de ses biens; ordonnant
très-expressément à tous les Juges et Tribunaux de se conformer à cette déclara-
tion.

30   Si quelqu'un des billets à ordre ou
lettres de change, qu'escomptera la Banque, se trouvoit signé par des possesseurs
de *Majorat*, ou de tout autre bien privilé-
gié de quelque classe que ce fut, et que
faute dêtre acquitté à l'époque de son
échéance il fut protesté, les particuliers
qui par leur signature ou leur endossement
seroient constitués responsables de cet effet,
seront exécutés dans leurs biens (2) (dans

(1) Conformement à l art. 22. de la Cédule, la lettre
accéptée sera exécutive comme un instrument public;
et c'est ainsi que S. M. l'ordonne dans sa Pragmatique de la même datte.
(2) L'art. 33. de la Cédule Royale ordonne, que la
Banque jouira de l'action qu'on nomme *réelle hypothe-
caire* contre les biens de ceux qui par un titre legi-
time se trouveront avoir des engagements avec elle;
sans en excépter les biens inaliénables, connus sous
le nom de *Mayorazgos* ou majorats, lesquels répon-
dront de cette dette de leurs possesseurs dans la même forme que lors qu'ils sont chargés d'un cens avec
l'agrément du Roi.

le cas ou par leur noblesse ils seroient pri-
vilégiés quant à leur personne), afin que
sans le moindre délai, la Banque recouvre
le montant de sa créance sur eux ; et V. M.
pour ce cas daignera déroger, en vertu de
son pouvoir Souverain, aux loix, usages et
autres dispositions à ce contraires. La Banque, comme contenant les fonds de la Nation, ne devant reconnoitre de priviléges
en qui que ce soit, d'autant que cette pré-
rogative de justice étant une fois connue,
ceux qui dédaigneront de s'y soumettre
pourront s'abstenir de prendre des engagements avec elle (1).

31   En attendant que les Actionnaires
aient fait choix d'une maison où les bureaux puissent être établis convenablement,
V. M. daignera leur accorder pour 3. ans
la maison de poste, ou toute autre dans le
centre de Madrid. Là tous les Commerçants
et Courtiers pourront s'assembler, depuis
onze heures du matin jusqu'au coup de

(2) Pour éviter des démêlés judiciaires qui pourroient
altérer la methode simple et la bonne foi de la Banque, S. M. par l'art. 34. de sa Cédule, établit que si
pour quelque raison les premier accéptant ou endosseurs se trouvoient insolvables, la Banque, éludant
la facheuse nécéssité de les attaquer dans leurs biens,
et se servant promptement de la voie de l'exécution,
auroit son recours contre les autres personnes engagées
au payement.

cloche d'une heure, pour y traiter de la négociation des lettres de change, actions et autres effets de commerce ; la publicité de ces opérations étant le meilleur moyen pour éviter les usures et les monopoles cachés, que l'avidité se permet impunément à la faveur des ténebres.

32 Les Directeurs de la Banque qui se trouveront de service, devront être presents aux heures indiquées dans l'art. 11. pour escompter, ou réduire les lettres de change, billets du Trésor général, ou billets à ordre particuliers à raison de 4. pour 100. par an, en les payant en argent comptant, et aussi pour faire payer chez l'étranger les obligations qui sont présentement du ressort de cette Caisse, connue sous le nom de *Real giro* ; à quelle fin ils passeront au Trésor général les reçus originaux de chaque payement, avec une copie certifiée et signée des comptes qu'ils reçevront, en y ajoutant un pour cent de commission en faveur de la Banque, et l'interêt des avances (si elle en a faites), aussi à raison de 4. pour 100. par an ; et feront recouvrer le montant du tout au Trésor général : mais si cette Caisse Royale veut épargner l'interêt des avances, elle pourra faire porter à la Banque les fonds qu'elle jugera néces-

saires, et tenir avec elle un compte ouvert sur lequel on portera les payements qui seront faits sur son ordre, et les sommes dont elle fera la remise.

33 Aucune lettre de change, aucun billet à ordre ne sera escompté, si son échéance passe le terme de 90. jours, et sans avoir trois signatures connues, parmi lesquelles une pour le moins devra être celle d'une personne établie à Madrid ; et l'on se reposera sur la prudence des Directeurs du soin de rejetter les lettres qui ne leur paroîtront par revêtues de tout ce qui est nécessaire pour inspirer la confiance ; et quant à l'admission des billets du Trésor général, ils se conformeront aux dispositions de la Cédule de leur création.

34 Quand quelqu'Actionnaire pour sa commodité, ou pressé par le besoin, voudra se servir du capital de ses actions, il pourra le retirer de la Banque, en tout ou en partie, en faisant son billet jusqu'à la Jonte générale la plus prochaine, ou jusqu'au premier inventaire, c'est à dire d'une année à l'autre, ou de 6. mois en 6. mois, ou de 3. en 3. il payera l'escompte de ce billet à raison de 4. pour 100. par an (1) ;

_____

(1) La définition de la Banque pour les actionnaires se réduit à une idée bien simple, ce n'est autre cho-

et pour la sureté de la Banque il déposera ses actions dans la Caisse ; une des maximes fondamentales de cet établissement étant de ne se trouver à découvert vis-a-vis de personne, ou d'avoir 3. suretés pour le moins, si à l'expiration du terme, qui s'étendra à un an tout au plus, l'Actionnaire ne retiroit pas ses actionts déposées, elles resteroient au profit de la Banque, avec un rabais d'un pour cent, selon la valeur qu'elles auront dans les négoçiations publiques : ensorte que l'activité et les opérations des particuliers ne souffriront jamais de ce que leurs capitaux seront placés en actions dans la Banque, puisque pour un interêt moderé, et fort inferieur à celui qu'ils retireront de la Banque ils auront toujours ces fonds à leur disposition.

35 Les Directeurs des approvisionnements seront obligés de transmettre à leurs correspondants, soit dans l'interieur du Royaume, soit audehors, les ordres qu'ils recevront des departements respectifs des Secretaires d'Etat, tant pour les achats que pour les remises à faire. Ils pourront

se que placer son argent à 7. ou 8. pour 100. et le retirer dès qu'on en à besoin, en payant seulement un interêt de 4 pour 100.

aussî nommer pour leurs Bureaux de Madrid les subalternes qu'ils jugeront néccés-
saires ; mais dans les autres places ils se
serviront des maisons de commerce qui se
trouveront deja établies , leur distribuant
les commissions que rendront nécessaires
les approvisionnements dont il seront chargés ; et sous aucun prétexte ils ne pourront
établir de maisons , ni envoyer des fondés
de procuration : car indépendamment des
graves inconvenients de cette derniere methode , l'interêt de la commission sera un
lien de plus qui unira étroitement les maisons de commerce à la Banque.

36 Les mêmes Directeurs devront,
pour remplir les formalités de leurs admi-
nistrations , présenter les comptes de chacune des remises qu'ils feront au Trésor
général , en y ajoutant la commission de
10. pour 100. en faveur de la Banque , et
les interêts des avances, s'il y en à eu de
faites, à raison de 4. pour 100. Ils accom-
pagneront ces comptes de ceux que leur
auront transmis leurs correspondants , chargés d'achats ou de remises ; et ceux-ci seront tenus d'envoyer leurs comptes par duplicata , afin quil en reste ainsi un double à
la Banque.

37 V. M. se trouvant encore engagé

par un contrat pour l'approvisionnement de ses Troupes et de sa Marine (1), la Banque ne pourra s'en charger avant le terme de cet engagement, à moins que les entrepreneurs actuels ne consentent à resilier volontairement leurs marchés; mais ces entrepreneurs auront toute liberté pour traiter avec la Banque, suivant leurs convenances respectives, des effets, soit meubles soit immeubles, qui se trouveront en nature au moment où leur engagement finira ; bien entendu toutefois qu'eux mêmes et la Banque se conformeront à ce qui sera arrêté dans leur contrat sur cet objet.

38 Quand la Banque aura des remises d'argent à faire en nature hors du Royaume, pour remplir les obligations aux qu'elles satisfait présentement le *Real giro*, elle payera les droits Royaux, sur l'extraction de l'argent comme tout particulier quelconque.

39 Les Commerçants ou Compagnies qui voudront faire leurs payements à la Banque en seront les maîtres : pour cela il faudra seulement, qu'ils ayent avec le

______

(1) Le Bail contracté par S. M. pour l'approvisionnement de ses troupes expire à la fin de cette année ; et celui de sa marine à la fin de l'année prochaine.

Caissier un compte ouvert dans lequel leur crédit sera le montant des lettres de change, billets à ordre ou billets d'Etat, qu'ils auront remis déduction faite de l'interêt jusqu'à l'échéance, au moyen de quoi ils seront exempts de faire par eux mêmes les payements, en accéptant les traittes payables en Banque, et les Actionnaires determineront dans la premiere Junte le tant au millier, que les commerçants devront allouer à la Banque pour le montant de leurs comptes, en se reglant sur ce qui se pratique en Hollande.

40 Comme il est impossible à la premiere formation d'un établissement quelconque d'obvier à tous les inconvénients, et de s'assurer tous les avantages, la perfection ne pouvant être que le fruit du temps et de l'expérience, les Actionnaires dans leurs Juntes générales seront libres d'annuler, modifier, corriger, et étendre à la pluralité des voix, les articles précédents, selon qu'ils jugeront que l'administration de la Banque y gagnera, et qu'il en résultera de l'avantage pour les interessés. Les résolutions qui seront prises à cet égard se publieront dans les Gazettes, ou autres papiers publics, et auront la même force que si elles etoient insérées dans la Cédule de création : on excepte cependant de

cette regle générale deux articles , qui sont la base sur la qu'elle reposent l'interêt de l'Etat et la sureté des sujets de V. M. ce sont la défense d'entreprendre aucune opération de commerce , et celle d'admettre à l'escompte aucune lettre de change , ou aucun billet à ordre qui ne soit pas revetu de trois signatures de commerçants connus et accrédités , ou de particuliers dont les propriétés seront notoires.

Afin que le public ait une parfaite connoissance des principes de cet établissement et de ses avantages , V. M. daignera permettre l'impréssion de ce Mémoire , ainsi que du prospectus (2) qui sera concerté avec les personnes que V. M. jugera à propos de m'associer.

En partant de ces principes que je soumets respectuesement à l'attention de V. M. ainsi qu'à l'examen de son Ministere éclairé, je m'offre (sans prendre cependant une obligation formelle que la prudence ne me

----

(1) J'ai cru que la meilleure maniere de profiter de la permission que le Roi m'accorde par l'article 46. étoit de donner au Public le Mémoire original que j'ai osé présenter à S. M. et de le raprocher, sur plusiers points , de ses résolutions souveraines par le moyen de ces nottes ; à d'autre égards il en differe si visiblement que tout le monde s'en appercevra facilement et que j'ai cru inutile d'indiquer expressément ces differences.

permet pas de contracter), je m'offre dis-je de me charger de l'exécution de ce plan, recherchant et rassemblant dans le terme de huit mois (à compter du jour auquel V. M. daignera y accorder son approbation) des actions pour la valeur de six millions de piastres, somme que je crois nécessaire pour que la Banque puisse s'ouvrir et commencer ses opérations, conformement aux dispositions de l'art. IV.

Je regarderai, Sire, comme le plus grand bonheur de ma vie, que la Providence me permette de coopérer, dans mon humble sphere, à l'un des plus grands bienfaits que V. M. puisse faire à ses Sujets, et de laisser ce gage éternel de la reconnoissance que je dois à V. M. à son Ministere, et à la Nation Espagnole.

François Cabarrus.

PROSPECTUS

DE LA BANQUE NATIONALE

ÉTABLIE EN ESPAGNE,

SOUS LA DÉNOMINATION

DE SAINT CHARLES.

La création d'une Banque en Espagne, a pour elle le voeu de la Nation Espagnole, et l'exemple des nations étrangeres.

La Nation représentée par les Etats Généraux, ou *Cortes* de 1617, sollicita avec instance, d'aprés l'examen le plus réfléchi, l'établissement d'une Banque. Philippe IV. publia en 1621 des Lettres patentes qui en ordonnoient la création ; mais les malheurs successifs de son Regne orageux, empêcherent l'exécution de ce projet.

L'exemple de L'Angleterre et de la Hollande, prouve d'ailleurs les avantages de cet établissement.

La France, dont les essais en ce genre n'ont pas été heureux, et chez qui le fameux Systême de Law, paroit avoir proscrit le nom de Banque, a formé dans sa Capitale une Caisse d'Escompte qui produit les mêmes effets. Cette caisse a régénéré, en quelque façon, le crédit public, et a rendu la circulation plus active et plus rapide.

Chacun de ces Etats a adapté sa Banque à sa position particuliére; parcequ'en fait d'établissements publics, il n'est pas deux pays qui se ressemblent assez exactement, pour s'imiter servilement.

Une Banque nationale, utile dans tous les tems à l'Espagne, étoit devenue indispensable depuis la création des Billets d'Etat pour en faciliter le cours, et faire ainsi disparoître le seul inconvénient de cette opération de Finances, la moins dispendieuse de toutes, et la seule peutêtre qui fût à la fois practicable, adaptée aux besoins de l'Etat et à sa constitution; mais ces mêmes billets, qui d'une part, rendoient la Banque nécessaire, augmentoient d'une autre la difficulté qu'il y avoit à l'établir: car comment faire circuler les Billets de la Banque au pair, ainsi que ceux de la Banque d'Angleterre, et de la

(39)

Caisse d' Escompte de Paris , tandis
qu'il en existeroit qui rapporteroient un
interêt? Comment espérer de pouvoir
échanger les Billets stériles de la Banque , contre les Billets productifs de
l' Etat ?

La Banque étant privée de cette ressource, la seule, apeuprès , qui engage
ailleurs les particuliérs à confier leurs
fonds à cette espece d'établissements,
il a fallu lui chercher un équivalent
dans d'autres objets.

Cet équivalent ne pouvoit se trouver
dans un privilege , parcequ'en général,
les privileges répugnent présque toujours à l'équité , ni dans des opérations
de commerce , puisque c'eût été aug-
mentér le monopole , qu'il s'agit essentiellement de detruire ; et que d'ailleurs
les risques et les longueurs inséparables
de ces opérations sont absolument in-
compatibles , avec la solidité et la simplicité qui doivent regner dans la ges-
tion d'une Caisse publique.

L'on à donc cherché à concilier l'interêt des actionnaires avec celui du
Gouvernement , en appliquant à un établissement utile , le bénéfice que les approvisionnements procuroient à un petit

nombre de fournisseurs, et en rendant ainsi ce bénéfice moins onéreux à l'Etat.

Cet expedient adopté par S. M. porte à la fois le caractére de la justice et celui de la bienfaisance, puis qu'il a pour base cette préference qui appartient naturellement au plus grand nombre sur le plus petit, et à tous sur plusieurs.

La Voie de l'administration avec une rétribution de dix pour cent en faveur de la Banque (rétribution d'ailleurs trés légitime, et que les loix et les usages d'Espagne accordent à toute regie), ne paroitra certainement pas onéreuse à quiconque a une idée des bénéfices considérables des anciens fournisseurs; et nous ajouterons que ces fournitures dépendant présque toutes du prix des-denrées, c'est à dire, de la vicissitude des saisons, cette voie paroit en même tems la seule qui soit prudente et sage.

Nous renvoyons nos Lecteurs au divers articles de la Cédule du Roi, et du mémoire présenté à S. M. L'on se convaincra aisément, en lisant ces deux pieces, que cet établissement est fondé sur les principes sacrés de la proprieté et de la liberté ; et que le Gouvernement, en laissant les actionnaires entiérement maîtres de l'administration, s'est étudié à la rendre publique et populaire.

Après avoir exposé ces réflexions préliminaires, nous allons entrer dans le détail des objets de la Banque, de son produit pour les actionnaires, des actions, de leur solidité, de leur usage, et nous finirons par tout ce qui a trait à la souscription.

Premier objet.

La Banque embrasse trois objets : l'Escompte de toutes les Lettres, Billets à Ordre et Billets d'Etat, à raison de quatre pour cent par an. Les Lettres et Billets à Ordre ne pourront excéder le terme de quatre vingt dix jours, devront être revêtûs de trois signatures pour le moins, et leur admission será toujours subordonnée à la prudence des Directeurs. Les actionnaires auront néanmoins la faculté d'ajoûter à ces restrictions, s'ils le jugent à propos.

Quoique la Cedule du Roi ne fasse mention que de la Capitale, les actionnaires pourront également user de toute la liberté qui leur est accordée, pour établir des Caisses d' Escompte particulieres à Cadiz, Seville, Bilbao, Barcelone, Valence et Malaga; et ils le feront nécessairement, lorsque le placement de toutes les actions aurá assuré à la Banque une surabondance de fonds, qui lui deviendroit onéreuse sans cet écoulement.

Le But de ces caisses sera, non seulement, de faire participer plus immédiatement les Provinces à l'avantage de cet établissement, mais encore d'en tenir toujours le Capital en activité.

Ces Caisses particuliéres porteront l'escompte à cinq pour cent, et même alors elles feront un grand bien au Commerce de ces Places qui manquent de cette ressource; car on y paye l'escompte 6, 7, et même 8 pour cent. L'excédent de 5 à 4 sera appliqué aux frais de Bureau; et la Banque retirera ainsi, sans aucun rabais, l'interêt des fonds qu'elle employera dans les Provinces, à raison de 4 pour cent, qui est le taux constitutionnel.

Par une suite des loix de la propriété, qui président à cet établissement, ces Caisses Secondaires seront entiérement administrées par les actionnaires des dites Villes. Ils choisiront entreux les Directeurs qui serviront par quartier, et sans appointements comme ceux de Madrid.

Second objet.

Le second objet de la Banque sera de faire hors de l'Espagne , et pour le compte de la Cour , les payements dont avoient été chargés jusqu'ici des Trésoriers établis par elle à cet effet dans les pays étrangers. La Banque les acquittera pour le prix coutant , moyennant un pour cent de commission , et présentera le compte de chaque payement au Trésor Royal pour en être remboursée. Elle se servira pour cet objet des premieres maisons de Commerce établies dans les diverses Places de l'Europe , préférant toujours ses actionnaires à égalité de crédit et de solidité.

Ces deux premiers objets à Madrid seront entiérement confiés à six Directeurs qui serviront pendant deux ans, à moins qu'on ne trouve bon de les continuer dans leur emploi. Des six premiers qu'on créera , trois ne seront en place qu'un an , de maniére qu' à la se-

conde année , il y en aura trois nouveaux et trois anciens , et ainsi de suite
chaque année. Ces six Directeurs se releveront de deux en deux mois , serviront
toujours deux à la fois , et sans appoin-
temens.

Troisiéme objet.

En fin le troisiéme et dernier objet
de la Banque , est de régir pour le
compte du Roi , toutes les fournitures
de l'armée et de la marine , moyennant dix pour cent de commission , en
présentant au Trésor Royal le compte
de chaque Livraison , suivant les formes
usitées dans le commerce , pour y recevoir le montant du Capital des frais, et de
la commission. Si la Banque est en avances pour les achâts , elle portera au nombre des frais , l'interêt de ses débours à
raison de 4 pour cent par an.

Comme cet objet , par la multiplici-
té des détails qu' il embrasse , exige une
étude particuliére , et des connoissances
qui ne sont pas communes , les deux
Directeurs qui en seront chargés (et
qui avec les six biennaux formeront le
Bureau de Direction composé de huit
membres) , serviront sans limites de

tems, et jouiront d'émolumens qui seront fixés par l'assemblée générale des actionnaires, et devront être proportionnés à l'étendue et à la continuité de leur travail.

Les achâts des articles nécessaires pour les fournitures, ainsi que les livraisons qui devront s'en faire, tant au dedans qu'au dehors du Royaume, aux divers Corps aux quels ils sont destinés, seront toujours confiés aux premieres maisons de Commerce. Celles ci percevront la commission d'usage, parceque la Banque aura pour maxime fondamentale, de ne se servir jamais de facteurs, et de ne point établir de Comptoirs. Les Directeurs dans la répartition de ces affaires, préféreront toujours les maisons qui seront actionnaires, adjugeant à chacune l'article de commerce dans lequel elle sera supposée avoir plus de connoissances et d'habitude.

Toute spéculation, toute entreprise; toute affaire étrangere à ces trois objets est sévérement interdite à la Banque, dont le but ne doit être que d'ouvrir un champ plus vaste à l'industrie, en lui fournissant des moyens plus rapides et plus faciles.

(46)

Produit.

La Banque, réduite au trois objets de son établissement, présente aux actionnaires le bénéfice ou produit suivant.

Le Capital de trois cens millions de réaux de vellon, tenu dans une activité continuelle par les moyens énoncés ci dessus, produira à raison de 4 pour cent. . R.^{on} 12.000.000

La commission de 1 pour cent sur les payemens de la Cour, évalués à quinze millions de reaux par an. 150.000

Les fournitures pour les Vivres de l' armée et celles de la marine (*a*), pour l'habillement des troupes et des milices de l'Espagne et des Indes, pour les chanvres, mâtures, agrêts, &c. sont evaluées, année commune, à cent vingt millions de reaux, et la commission sur ce pied formera un objet de 12.000.000

Ainsi le produit total sera de   24.150.000

(*a*) Le Bail actuel des Vivres de l'année expire à la

qui sur un capital de trois cens millions, forment un interêt annuel de $8\frac{1}{5}$ pour cent. Cet interêt n'est susceptible d'autre rabais que de celui des frais du Bureau de la Capitale , parceque tous les autres , tels que courtages, ports de lettres , &c. sont supportés par les diverses branches qui les causent , suivant l'usage du commerce , et parconséquent remboursés.

Il résulte de ce tableau , que chaque actionnaire peut se flatter d'avoir un interêt annuel de 8 , $7\frac{1}{2}$, 7 pour cent, ou en mettant les choses au plus bas, de 6 pour cent. Cette perspective est sans doute assez brillante ; mais elle le devient davantage , si l'on compare la solidité de ce produit à celle que présentent plusieurs Compagnies, qui , indépendamment de leurs inconvéniens politiques , toujours livrées à des spéculations arbitraires , éloignées et hasardeuses , n'offrent aucune sûreté à leurs actionnaires , et moins encore à leurs prêteurs , dont le sort dépend entiérement des premiers.

fin de l'année , et celui de la marine l'année prochaine ; de façon que la Banque en jouira dès la premiere année de son établissement.

Regles de la Banque.

Il n'est personne qui ne puisse se convaincre de la solidité de cet Établissement , dont les actions pourront être substituées , comme le sont celles de la Compagnie de Caraques : Dans ce cas (indépendamment des formalités prescrites par les loix pour toute substitution) , les actions substituées seront déposées à la Caisse de la Banque, pour-que le propriétaire ne puisse point en disposer et n'en conserve que l'usufruit. S' il trouvoit à faire un emploi plus utile de ses fonds , et que cet emploi fut jugé tel par les Tribunaux compétents , la Banque , sur leur ordre , s'appropriera ses actions , et en délivrera le montant à l' heure où l'on voudra le réaliser.

Ces regles que la constitution economique de l' Espagne rend nécessaires, seront également applicables à tous les fonds qui , destinés à des fondations et à des euvres pies , auroient été convertis en actions , en attendant qu' ils remplissent leur véritable destination.

L' inventaire général de la Banque se fera tous les ans , et se lira dans une assemblée générale qui se tiendra le 16

Décembre, et sera présidée par le Directeur Biennal le plus ancien. Tout porteur de vingt-cinq actions, national ou étranger, pourra y assister et y voter, mais sans la moindre prépondérance, quelque soit son rang, ou son caractere, ou la quantité d'actions qu'il pourroit posseder au de là du nombre prescrit. On publiera en même tems, dans toutes les Gazettes de l'Europe, un extrait de l'inventaire, en exprimant le bénéfice net qui sera réparti aux actionnaires sans la moindre retenûe.

La Banque tiendra ses écritures en parties doubles, imitera le commerce ordinaire dans la simplicité de sa méthode, n'employera que le nombre de commis absolument nécessaire, et ne choisira que des personnes elevées et instruites dans la pratique et la connoissance des opérations mercantiles.

Actions.

La Banque sera composée dans son principe de cent cinquante mille actions, de deux mille réaux de vellon chacune; ce qui forme en total quinze millions de piastres fortes. La Banque, pendant l'espace de trente années (à compter du moment où les cent cinquante mille actions seront toutes employées), en formera trois mille de plus tous les trois ans. Les unes et les autres se négocieront librement, suivant le plus ou le moins de valeur que leur donnera l'opinion publique. Les Etrangers pourront en disposer, suivant les loix des pays où ils résideront, parceque ce sont les seules qu'ils sont censés devoir connoître ; et ils feront constater à la Banque leurs derniéres dispositions, par le moyen des réquisitoires expédiées par leurs juges naturels. En cas de guerre, leur propriété sera regardée comme sacrée, inviolable, et protégée par le droit des Gens.

Les propriétaires d'actions qui voudront disposer de partie, ou de la totalité de leur valeur, pourront le faire en déposant dans la Banque les actions dont ils desireront le montant, et en lui faisant leurs Billets à trois, six, neuf, et même douze mois, sous l'escompte de 4 pour cent par an.

Cette facilité empêchera que les particuliers, qui auront leurs fonds dans la Banque, ne se trouvent génés quant aux spéculations que les circonstances peuvent offrir à leur industrie personnelle. Ces fonds seront en tous temps, à leur disposition ; la Banque les leur prêtera à un interêt très inferieur à celui qu'ils retireront de ses actions.

Il résulte de cet exposé, que l'idée la plus exacte que l'on puisse donner de la Banque, se réduit à presenter aux Capitalistes un emploi de leurs fonds, sans risques, à 6 ou 7 pour cent par an, avec la certitude d'en jouir en les lui empruntant à 4.

Souscription.

La Souscription, qui a commencé depuis la publication de la Cédule, durera huit mois ; et à l'expiration de ce terme, ce qui restera d'actions se négociera librement à la volonté des Directeurs.

Les personnes qui voudront souscrire pourront s'adresser, soit directement, ou par l'entremise de leurs correspondants, au Sieur François Cabarrus, Banquier de cette Ville, et autorisé par S. M. à cet effet.

On trouvera à la fin de ce Prospec-

tus le modele de la Souscription, et celui de la reconnoissance qu'en fournira
le dit Sieur Cabarrus, qui, pour la commodité du Public, à autorisé les Maisons suivantes a recevoir également les
Souscriptions.

à Cadix......
- Le Marquis de los Cas-tillejos.
- M.rs Pardo Frere et Compagnie.
- Le Compte de Reparaz.
- M.rs Magon Lefer fre-res et Compagnie.
- M.rs J.s L.s et L.t Lecou-teulx et Compagnie.
- M.rs J.n L.t Lasserre et Compagnie.

à Seville.....
- D. Lorenzo Garcia Ru-bio.
- M.rs Lanux Pere et fils et Dubernad.

à Cordoue.... D. Nicolas de Fuentes.

à Grenade.... D. Martin de Elizalde.

à Valence.....
- M.rs J.s Valence.
- M.rs Sarrio et Gasco.

à Barcelonne..
- M.rs Fr.s Milans et Compagnie.
- M.rs Tileboin et Com-pagnie.

(53)

à *Alicante*...	{ M.rs Morales et fils. { M.rs Welther et Porte.
à *Cartagene*...	M.rs Baltasar Rebufat et Compagnie.
à *Malaga*....	{ D. M.l J.h Martinez et Compagnie. { M.rs Manescau Fisson et Compagnie.
à *Saragose*...	{ D. J.h Martin de Goicochea. { M.rs Pierre Herranat et Compagnie.
à *Bilbao*.....	{ D. J.h Gardoqui et fils. { M.rs Douat freres.
à *S. Sebastien*.	{ D. J.n J.h V.te de Michelena. { M.r Ant.o Betbeder.
à *Saintander*..	M.rs Vial et fils.
à *Logroño*....	D. Pedro Apellaniz.
à *la Corogne*..	{ D. J.h Ramos. { D. Francisco Zelaeta.
à *Burgos*.....	{ M.rs Mendieta et Compagnie. { D. And.s Frayle.
à *Murcie*. ...	{ M.rs Rechau freres. { M.r And.s Isnel.
à *Valladolid*..	D. Francisco Durango et Compagnie.
à *Segovie*....	D. J.h Man.l Ramiro.

(54)

à Pamplune...	{ D. Martin Barberia. { Mrs Ve Lalanne et fils.

à *Pamplune*... { D. Martin Barberia.
                 { M.rs V.e Lalanne et fils.
à *Paris*...... M.rs Lecouteulx et Com-
                 pagnie.
à *Amsterdam*. M.rs Fizeaux Grand et
                 Compagnie.
à *Marseille*... M.rs Payan Pere et fils.
à *Bordeaux*... M.r D.que Cabarrus jeu-
                 ne.
à *Bayonne*.... M.rs Cabarrus Pere et
                 fils jeune.
à *Lyon*...... M.rs Finguerlin et Sche-
                 rer.
à *Hambourg*.. M.rs Caspar Voght et
                 Compagnie.
à *Genes*...... M.rs Paul Maystre et
                 Compagnie.
à *Naples*.... M.rs Teissier freres.
à *Lisbonne*... M.rs D.l et H.y Gilde-
                 meester et Compag-
                 nie.

Toutes ces Maisons auront la Cédule
de création de la Banque, et le présent
Prospectus en François et en Espagnol;
comme aussi la Pragmatique Sanction
de S. M. qui ordonne, qu'à l'avenir on
ne puisse admetta dans les Tribunaux
aucune exception ou réclamation contre

les Lettres de change acceptées, et que le payement s'en fasse même par la voie de l'éxécution, en détruisant ainsi l'abus qui s'etoit glissé dans quelques Tribunaux subalternes, dont les accepteurs obtenoient d'être relevés de leurs engagemens.

Ceux qui voudront souscrire à Madrid, pourront s'adresser au Bureau disposé à cet effet, rue del Barco n.º 27 tous les jours (excepté ceux de fête), depuis neuf heures du matin jusques à une heure, et depuis quatre heures jusqu'à sept de l'aprés-midi.

Le Département des Indes donnera ses ordres, pour les souscriptions qui pourront s'y faire, et en instruira le Public.

Les actions de la Banque seront signées par M.rs le Comte de Saceda, le Marquis de las Hormazas, et les Sieurs Jean Drouilhet, et François Cabarrus. Lorsque le terme prescrit pour les souscriptions sera échu, et que l'assemblée Générale aura eu lieu, ils les délivreront au Caissier Général, nommé par la pluralité des actionnaires, pour qu'il remette à ceux ci les actions qui leur apartiendront, et qu'il en perçoive le montant. Les souscripteurs jouiront donc d'un terme de huit mois pour le payement ; on admettra indistinctement de l'argent comptant , des lettres de change ou des Billets, les Lettres sous escompte à raison de quatre pour cent par an, à compter dujour de leur admission à la Banque , jusqu'à celui de leur échéance, et les Billets d' Etat pour leur valeur entiere et progressive , c'est à dire au pair.

Enfin la Banque admettra aussi en payement des actions pour les quelles on aura souscrit , des lettres tirées sur la Havane ou la Veracruz , pourvu que les tireurs ou endosseurs soient d'une solidité reconnue ; mais dans ce cas , la piastre forte de l'Amerique ne sera admise , que comme piastre simple.

MODELE DE SOUSCRIPTION.
Souscription de la Banque Nationale
de SAINT CHARLES erigeé par la Ce-
dule de S.M.C. du 2 Juin 1782.

N. des actions.   *Soussigné*

souscri   au pouvoir de M

comme fondé de procuration de Mon-
sieur François Cabarrus Banquier
de Madrid et autorisé par S. M. C.
à cet effet pour
               action de la Ban-
que Nationale de SAINT CHARLES
de deux mille reaux de vellon
               dont   payer
     le montant au   d   s
sur le mandat qu'en fournira sur
          ordre le Caissier general
nommé par la premiere Assemblée
d'actionnaires tenûe a Madrid , et
non autrement ; aux termes de la
Cédule de S. M. C. recevant en at-
tendant pour   sûreté une recon-
noissance signée par le   d   s.
        le   1782.

RECONNOISSANCE DE SOUSCRIPTION
de la Banque Nationale établie
en Espagne sous la dénomination
de SAINT CHARLES par la Cedule
de S. M. C. du 2 Juin 1782.

N. des actions.   Soussigné

comme fonde de procuration de Mon-
sieur François Cabarrus Banquier
de Madrid et autorisé par S. M. à
cet effet reconnoi   avoir reçu
une Souscription de
                         actions de la
Banque Nationale de SAINT CHAR-
LES de deux mille reaux de vellon
         faite entre   mains par

au nom de qui dev   être pas-
sée
action numerotée en marge que
                  delivrer   au
dit souscripteur en exigeant la
valeur qu'exprimerá le mandat qui
será fourni sur   par le Caissier general nommé par la premiere
Assemblée d'actionnaires tenûe a
Madrid et retirant en même temps
la presente reconnoisance.
         le   1782.

CÉDULE ROYALE.

Charles, par la grace de Dieu Roi de Castille, de Léon, d'Aragon, des deux Siciles, de Jerusalem, de Navarre, de Grenade, de Tolede, de Valence, de Galice, de Majorque, de Séville, de Sardaigne, de Cordoue, de Corse, de Murcie, de Jaen, des Algarves, d'Algecire, de Gibraltar, des Isles Canaries, des Indes Orientales et Occidentales, Isles et Terre-ferme de l'Océan ; Archiduc d'Autriche ; Duc de Bourgogne, de Brabant, de Milan ; Comte d'Ausbourg, de Flandre, de Tirol, et de Barcelone ; Seigneur de Biscaye, et de Molina, &c. Aux Gens tenant mon Conseil, Présidents et Auditeurs de mes Audiences et Chancelleries, Alcaldes, Alguasils de ma Maison et de ma Cour, et à tous les Corregidors, Assistant, Gouverneurs, Alcaldes majeurs et ordinaires, et autres Juges quelconques et Justices, tant Royaux que Seigneuriaux, Abbatiaux et des Ordres Militaires, qui le sont actuellement et qui le seront à l'avenir, ainsi qu'à toutes autres personnes de quelqu'état, dignité, ou prééminence qu'elles soient ou puissent être dans toutes les Villes, Bourgs, Villages et autres lieux de mes Royaumes et Domaines, qui puissent être comprises dans les dispositions de ma présente Cédule Royale, sachez:

Que plusieurs personnes, versées dans la connoissance du commerce et du maniement des finances, ont consideré, dés le Regne de Philippe II. la nécessité d'établir une Banque ou des Caisses d'Escompte, pour réprimer l'usure et le monopole, et faciliter les opérations du commerce; et quoique les Reglements faits en divers tems, sur tout dans la Regie de mes revenus, qui fut établie sous les deux derniers Rois, ayent diminué les abus énormes dont souffroit le Public, il en existe encore de la plus grande conséquence qui ralentissent non seulement la circulation générale des richesses entre les divers membres de l'Etat, mais encore la circulation mercantille de numéraire, destinée à alimenter l'industrie.

La création des Billets et demi Bi-

llets d'Etat que j'ai choisi comme le moyen le plus prompt, le moins dispendieux et le plus convenable, pour faire face aux frais de la guerre sans fouler par de nouveaux impôts mes fideles sujets, exigeoit d'ailleurs l'établissement d'une ressource prompte et aisée qui facilitat la réduction de ces Billets en effectif au pair, toutes les fois que les Porteurs le desireroient, soit par besoin ou par préférence.

Ce concours de circonstances a obligé à méditer un moyen capable à la fois d'éviter ces inconvénients, et de faciliter la circulation du numéraire à l'avantage général du Royaume. Dans ces entrefaites, le Sieur Cabarrus, Banquier et habitant de Madrid, m'ayant présenté un Mémoire tendant à l'établissement d'une Banque qui embrassât et remplît ces moyens, je jugeai convenable de le faire examiner à diverses reprises par plusieurs Magistrats et autres personnes de toute ma confiance, et qui réunissent l'expérience à l'impartialité, pour assurer le succès et la stabilité de ce qui seroit statué.

Indépendamment de cet examen, et après avoir préparé ma résolution con-

formément à l'avis des personnes con-
sultées , je voulus pour mieux m'assurer
encore , et pour que cet établissement
eût l'approbation des différentes classes
de l' Etat qui pourroient y participer,
que le Gouverneur du Conseil con-
voquât et présidât une assemblée composée du Doyen du Conseil D. Miguel
Maria de Nava , de mon Procureur Général , le Comte de Campomanes , de
D. Pierre Perez Valienté , Doyen de la
Jonte de Commerce , de D. Miguel Gal-
vez , Conseiller de Robe du Conseil de
Guerre , du Comte de Tépa , Conseiller
au Conseil et à la Chambre Suprême
des Indes , de D. Gaspar de Jovellanos
du Conseil des Ordres , de D. Paul de
Ondarza du Conseil des Finances , du
Garde de mon Trésor Royal le Marquis
de Zambrano , du Député le plus ancien de *Millones* D. Manuel Ruiz Maz-
mela, du premier Directeur Général des
Douanes D. Rozendo Saez de Parayue-
lo , du Procureur Général D. Pedro Manuel Saez de Pedroso , du premier Eche-
vin de Madrid D. Joseph Pacheco, du
Chevalier d'honneur de la dite Ville le
Comte d'Altamira Marquis d'Astorga,
au nom de la Noblesse , du premier Dé-

puté D. Antoine Marie de Bustamante, et du Procureur Général et Sindic de la Communauté D. Jean Bernard Feyjoó au nom du Peuple, des Sieurs Comte de Saceda, Marquis de las Hormazas, François Cabarrus, et Etienne Drouilhet qui doivent signer les actions de la Banque, du Député de la Compagnie des cinq Corps des Marchands D. Manuel de Baños, des Sieurs D. Manuel Gonzalo del Rio, D. François Vicente de Porvéa, D. Jean Joseph de Goycoechéa, et le Comte d'Arboré au nom du Commerce. J'ordonnai que cette assemblée nombreuse prit en considération ma résolution, pour l'érection de la Banque, afin qu'étant examinée par chacun des Vocaux, ils puissent exposer librement leur avis et proposer les changements, les additions, ou les modifications qu'ils croiroient convenables. Cette assemblée l'ayant ainsi exécuté, et m'ayant adressé non seulement son avis uniforme, mais encore l'avis motivé, et par écrit, de presque tous les membres qui la composoient; je me suis conformé aux vœux de la dite assemblée, et à ceux que la Nation entiere n'a cessé de former pour cet établissement, sous les

Regnes antérieurs de Philippe II. Philippe III. et Philippe IV. mes ayeux, tant par l'organe des Tribunaux, que par celui des Etats Généraux ou *Cortes*, qui s'ouvrirent le 9 Fevrier 1617. Et en conséquence, par mon Décret Royal du 15 Mai dernier, signé de ma main, publié et regitré au Conseil, ouis mes Procureurs et Avocats généraux, j'ai créé, erigé et autorisé une Banque, qui par son objet et son but, doit être nationale et générale, et embrassera à la fois mes Domaines d'Europe et d'Amerique, sous les regles et conditions suivantes.

I.

Cette Banque s'établit sous la dénomination de SAINT CHARLES, sous ma protection Royale et celle des Rois mes successeurs, afin d'assurer sa consistance et la confiance publique.

II.

Le premier objet de cette Banque est de former une Caisse générale de payements et réductions, pour escompter et réduire toutes lettres de change, Billets de Trésorerie, et autres Billets qu'on y portera volontairement ; cette

Caisse laissant d'ailleurs la liberté aux particuliers de négocier leurs lettres et Billets par la voie des agents de change, négociants, et autres établis dans mes Royaumes et ceux des Indes, et ne devant point être exclusive.

III.

Le second objet de la Banque sera d'administrer ou régir la fourniture des armées de terre et de mer, soit audedans, soit au dehors du Royaume; et pour cet effet, j'offre et j'engage ma parole Royale que pendant vingt années au moins, je la chargerai des objets de la provision des Vivres de l'armée de terre et de mer, de l'habillement des troupes de terre d'Espagne et des Indes, et toutes les autres fournitures qui y sont relatives, avec la commission de dix pour cent net en faveur de la Banque pendant ledit terme, aubout duquel la Banque se chargera des dites provisions par entreprise, ou continuera à les régir suivant la vérification des prix, et le résultat du premier essai, de maniere à combiner autant qu'il sera possible l'avantage réciproque de mes Finances et de la Banque. J'aurai

soin de proroger cette premiere con-
cession , et même de l'étendre à d'autres objets , toutes les fois que sa consistance et son avantage l'exigeront ainsi ; bien entendu cependant , que la dite Régie ne pourra commencer qu'à
l'expiration des traités courants, et lorsque la Banque aura les fonds nécessaires.

IV.

Le troisiéme objet de la Banque sera
l'acquit de tous les payemens que doit
faire le Trésor Royal dans les pays
étrangers, moyennant un pour cent en
faveur de la Banque , excepté les payements de Rome , jusqu'à•ce que le
Réglement nécessaire ait été conclu avec
ladite Cour ; déclarant cependant que
toutes les fois que cet objet seroit jugé nécessaire à la consistance de la
Banque , je le lui céderai ainsi que d'autres objets qui pourront lui devenir nécessaires ou utiles.

V.

La Banque et la Caisse générale d'escompte , sous la dénomination et protection de Saint Charles , formera son
capital de cent cinquante mille actions,

de deux mille reaux de vellon chacune, et son fond principal en tout, sera
de quinze millions de piastres fortes,
indépendamment de l'augmentation annuelle des actions, expliquée à l'article XII.

VI.

Toute espéce de personnes, de quelle
qualité et condition qu'elles soient, sans
en excepter les Ordres réguliers et leurs
individus, pourront acquérir ces actions, et les céder ou endosser librement comme lettres de change ou Billets au porteur, suivant le cours que
leur donnera l'opinion publique.

VII.

Les personnes résidantes dans ces
Royaumes et autres de l'Europe, qui
voudront prendre des actions dans cette
Banque, devront s'adresser dans le terme de huit mois, à compter du jour de
la publication de la présente Cédule Royale d'approbation de la Banque, au
Sieur François Cabarrus que j'autorise
à cet effet à souscrire en ses mains
pour le nombre d'actions qui leur conviendra, jusqu'à celui de soixante et
quinze mille, qui est la moitié du fond

de la Banque ; bien entendu qu' à la premiere assemblée des Actionnaires, ainsi qu'il sera expliqué à l'article XL, le dit Sieur Cabarrus devra consigner au Caissier général qui sera nommé, toutes les souscriptions et le nombre complet des actions, afin que le même Caissier puisse les délivrer aux souscripteurs, en recevoir la valeur, et la mettre en Caisse. Mes sujets et autres personnes habitant mes Royaumes, seront préférés pour les souscriptions pendant le terme de trois mois, à compter du jour de la publication de la presente, après lequel on admetra indistinctement les nationnaux et les étrangers, conformément aux regles expliquées pour ceuxci dans l'article XXX. et suivants. Quant aux autres soixante et quinze mille actions, les souscripteurs des Indes auront le terme de dix huit mois, à compter depuis la publication de la présente Cédule, pendant lesquels ils seront préférés ; mais ce terme de dix-huit mois étant expiré, on admettra indistinctement, pendant six autres mois aprés, tous souscripteurs quelconques.

VIII.

Les actions se formeront conformément au modele qu'on a disposé , et seront signées indépendamment du Sieur François Cabarrus , par le Comte de Saceda , le Marquis de las Hormazas, et le Sieur Etienne Drouilhet que je nomme comme personnes accréditées, et jouissant de la confiance publique, les chargeant spécialment de contribuer au succès de cet établissement. Ces actions seront aussi signées par le Notaire Benito Briz , et seront paraphées des Directeurs de la Banque et du Caissier général , lorsque celui-ci les délivrera aux souscripteurs.

IX.

Desque les souscripteurs formeront la somme de six millions de piastres simples , ou quatre millions et demi de de piastres fortes , on tiendra la premiere assemblée , suivant les dispositions de l'article XI. et la Banque commencera ses opérations. Toutes les autres actions , jusqu'à la concurrence de soixante quinze mille , qui à l'expiration du terme des huit mois désignés dans l'article VII. n'auroient pas été prises par souscription , appartiendront au fond de la Banque, et les Directeurs pourront les négocier même audelà de leur valeur primitive. Il en sera de même des soixante quinze mille restantes, lorsque le terme de deux années sera expiré.

X.

Le capital des actions sera admis indistinctement en argent efféctif, Billets ou demi-Billets de la Trésorerie , ou lettres de change acceptées par des négociants accrédités. Les sommes délivrées pour le payement des actions en lettres de change, supporteront le rabais de quatre pour cent par an , à compter du jour où elles seront délivrées à la Banque jusqu'à celui de leur échéance, suivant l'usage du commerce ; et le même rabais aura lieu sur toutes les autres lettres de change ou Billets qui y seroient portés successivement , pour être réduits en argent et escomptes: mais quant aux Billets de Trésorerie, la Banque n'aura d'autre bénéfice que l'interêt qu'ils porteront, depuis le jour qu'elle les recevra ; desorte que le propriétaire recevra non seulement la va-

leur efective de 600 ou de 300 piastres, mais encore l'interêt des jours qu'il
les aura gardées en son pouvoir.

XI.

Dèsque la prémiere assemblée générale aura nommé le Caissier, il recevra
des quatre Commissaires nommés dans
l'article VIII. les cent cinquante mille
actions, desquelles il délivrera aux souscripteurs celles qui leur appartiendront,
en recevant leur valeur suivant l'article
précédent ; et il gardera les autres en
Caisse pour les vendre, ou les négocier, après l'expiration des termes énoncés dans les art. VII. VIII. et IX. suivant les dispositions qui seront prises
à cet effet par les Directeurs.

XII.

Quoique le nombre d'actions, dont
la Banque est formée dans sa fonda-
tion, soit de cent cinquante mille ; dèsqu'elles seront toutes colloquées, on
augmentera, de trois en trois ans, mille actions au profit de la Banque comme les précédentes, afin qu'aucun habitant de ce Royaume et des Indes, ne
soit privé des avantages de cet éta-

blissement. Cette faculté sera pour un tems déterminé , et je la fixe à trente ans , au bout desquels cette augmentation d'actions formera la somme de soixante millions de réaux , ou de trois millions de piastres fortes.

XIII.

L'administration générale de la Banque sera entiérement du ressort des actionnaires , représentés par huit Directeurs nommés par lesdits actionnaires à la pluralité des voix. Six de ces huit Directeurs seront en exercice pendant deux ans , et la moitié sera renouvellée la prémiere année , et ainsi successivement ; desorte qu'il y ait trois anciens et trois modernes : les deux autres serviront sans limitation de tems , et seront chargés de la Régie des fournitures de l'armée et de la marine , parceque cet objet demande de l'experience et des connoissances practiques. Ils seront nommés par l'assemblée générale qui me proposera quatre sujets d'une probité et d'une capacité reconnue par le canal du Secrétaire des Finances , afin que je choisisse les deux qui devront servir ; par ce moyen , la

Banque et moi nous serons réciproquement assurés de leur aptitude et de leur probité.

XIV.

Ces deux Directeurs des fournitures de mer et de terre, auront des appointements proportionés aux soins qu'exigera d'eux cette charge à la quelle ils devront consacrer tout leur tems. Ces appointements seront fixés par la premiére assemblée générale des actionnaires, ou par un Comité particulier qui sera nommé pour régler ces points économiques. Ce Comité aura égard à ce qui a été practiqué dans d'autres Compagnies publiques, ou autres grands établissements plus restraints dans leur étendue, et d'un travail moindre que la Banque, et ce Comité se dissoudra après avoir fait le réglement. Les Directeurs des Provisions auront pour maximes fondamentale de préférer les productions du pays, ou les manufactures d'Espagne, en les fomentant par toutes sortes de moyens. Dans les assemblées générales ou particuliéres, ils n'auront d'autres prérogatives que celles des six autres Directeurs, et devront concourir avec eux, à la pluralité des voix, aux résolutions qui seront prises, et à leur exécution. Les Directeurs des Provisions, devant servir pendant un tems illimité, ne pourront être du nomére des Directeurs biennaux ; et afin que dans les délibérations il y ait liberté et impartialité, deux individus d'une même maison ne pourront être, en même tems, Directeurs biennaux.

XV.

Les six Directeurs Biennaux serviront sans appointements, de deux en deux, et se releveront tous les deux mois. Ils devront assister au Bureau de la Banque tous les jours de l'année, ceux de fète exceptés, depuis dix heures du matin jusqu'à une heure.

XVI.

Personne ne pourra être nommé Directeur biennal ou de provisions, s'il n'a en propriété cinquante actions à la Banque ; et dans les six, il devra y avoir trois négotians, pour le moins exempts de tache de banqueroute ou suspension de payements, parceque des individus qui auroient cette flétrissure, ne sauroient être dépositaires de la con-

fiance publique : les trois autres pourront être pris dans la classe des nobles
ou Bourgeois, parcequ'on doit présu-
mer que les actionnaires, ayant interêt dans la conduite de cet établissement, ne nommeront que des personnes
intelligentes et recommandables par
leur probité ; et attendu que pour être
nommé Directeur, il faut précisement
être proprietaire de cinquante actions,
les Directeurs ne pourront se défaire
de celles-ci durant leur exercice.

XVII.

L'assemblée générale nommera un
Caissier, et un Teneur général de livres, auxquels elle assignera les appointements qu'elle jugera convenables.
Le premier fera tous les payemens des
deux Directions sur les mandats des
Directeurs ; et le second toutes les écritures, à l'effet de quoi il lui sera dé-
livré tous les jours, une note signée par
les Directeurs des opérations du jour:
mais pour plus grande sureté et tran-
quillité du Public, les fonds seront mis
dans des Caisses à trois clefs, dont une
sera deposée entre les mains des Directeurs des provisions, l'autre dans celles

du plus ancien des Directeurs biennaux, et l'autre dans celles du Caissier, à la disposition duquel on laissera les fonds nécessaires pour les opérations d'une semaine. Les autres Commis qu'on croira nécessaires pour le service des deux Directions, seront nommés par les Directeurs, et leurs appointements reglés suivant l'usage du commerce.

XVIII.

Pour mieux combiner l'ordre de cet établissement, indépendamment du Teneur général des livres, qui sera le centre où iront aboutir toutes les opérations, chaque Direction aura son Teneur de livres particulier, et la Caisse aura aussi le sien ; desorte que celle-ci ne payant aucune partie qui n'émane des deux Directions, le Teneur générale de livres compulsera, et collationnera les écritures journalieres des Teneurs particuliers des Directions, avec celles du Teneur de livres ou Controleur de la Caisse.

XIX.

A l'assemblée générale, qui aura lieu tous les ans, on procédera à l'élection

des trois nouveaux Directeurs, et les anciens pourront être prorogés avant l'expiration de ce terme , si quelqu'un de
ceux qui sont en exercice venoit à manquer, ou à se rendre indigne de cet
emploi par sa mauvaise conduite : les
autres pourront convoquer une assemblée générale dans ce cas , ou tous autres qu'ils croiroient nécessaires pour
le bien commun.

XX.

Les bénéfices résultans des opérations de la Banque , tous frais d'administration déduits, appartiendront aux
actionnaires au prorata de leur capital;
et afin d'éviter la confusion inséparable
des assemblés trop nombreuses , j'ordonne que pour avoir voix à la Banque
il faudra nécessairement avoir vingt-
cinq actions en proprieté. Les actionnaires absents qui en auront jusqu' à
cette concurrence ou en plus grand
nombre , pourront se faire représenter
par leurs procureurs fondés. Plusieurs
particuliers pourront se réunir pour former le nombre de vingt-cinq actions,
et choisir un réprésentant. Quiconque
aura audelà de vingt-cinq actions , ou
le Procureur fondé de plusieurs action-

naires propriétaires de pareil nombre,
auront une voix seulement afin d'éviter les abus.

XXI.

La liberté des suffrages dans les assemblées de la Banque , étant si essen-
tielle à son succès , elles ne pourront
être présidées que par les Directeurs , à
l' exception de la premiére qui sera con-
voquée et présidée par le Gouverneur du
Conseil. Les Directeurs Biennaux pré-
sideront en particulier toutes les assemblées générales , suivant entr'eux l' ordre d'ancienneté de leur election. Les
Directeurs des Provisions sont exclus de
cette préséance , parcequ'ils devront
répondre dans les assemblées des opérations de leur ressort , cequi répugne-
roit.

XXII.

Si je voulois , ou quelque personne
de ma Famille Royale desiroit s'inte-
resser à la Banque , en prenant vingt-
cinq ou plus d'actions , le Trésorier ou
les Procureurs nommés à cet effet auront voix dans les assemblées générales
des actionnaires , sans autre prérogati-
ve ou prépondérance que celle d'un
particulier.

XXIII.

Si les Villes ou Bourgs de ce Royaume ou des Indes, employoient en actions de Banque ce qu'elles jugeroient à propos du surplus de leurs fonds publics, revenus ou dépots, et eussent les vingt-cinq ou plus d'actions dans chaque Province, suivant leur distribution actuelle, celle-ci pourra nommer un Procureur ayant voix dans les assemblées générales, dans la forme qui sera prescrite par le Conseil de son ressort, et avec son approbation ; mais si une Ville prenoit vingt-cinq ou plus d'actions, elle aura en particulier une voix, indépendamment de celle á laquelle la Province aura droit , par la totalité de celles de son district , pourvu toutes fois que ses actions réunies forment le nombre de vingt-cinq. Le Procureur du Royaume assistera aux assemblées sans avoir voix, afin de veiller par lui-même à l'accomplissement des loix fondamentales de la création de la Banque , et faire les representations convenables.

XXIV.

La Banque sera fermée tous les ans,

depuis le 16 jusqu' au 31 Decembre in-
clusivement. Dans cet intervalle, il sera dressé un inventaire qui sera signé
par les huit Directeurs : on y rendra
compte de toutes les opérations de la
Banque, et de l'administration ou provision de l'armée et de la marine, en
y comprenant aussi les appointements et
les frais. Après avoir été lu et approu-
vé à l'assemblée générale, on imprimera un état des bénéfices qui sera inséré
dans les Gazettes, invitant les actionnaires à percevoir ce qui leur reviendra en proportion de leurs capitaux.

X X V.

Le dernier jour de chaque mois, les
deux Directeurs qui ont été en exercice, et les deux qui y entreront le
mois suivant, feront faire en leur pré-
sence un récensement général de caisse,
dont le caissier formera un état, lequel
sera signé par les quatre Directeurs et
par lui. Par cet ordre les uns seront
déchargés par les autres, et on aura
une connoissance exacte de l'état et
des opérations de la Banque.

XXVI.

Les Directeurs nommeront à la pluralité des voix , dans toutes les places
de commerce de l'intérieur du Royaume et de l'étranger , les correspondants qu'ils jugeront nécessaires , tant
pour les objets relatifs à la provision de
l'armée et de la marine , que pour les
payements et les recouvrements dont je
les chargerai , et auxquels le Trésor
Royal devra pourvoir. Les Directeurs
auront soin de distribuer ces commissions , suivant la connoissance qu'ils
auront par la pratique , de la sûreté et
de l'honnetété de chaque maison , et
ils seront les maîtres d'en changer s'ils
venoient à reconoitre qu'elles ne ré-
pondissent pas à la confiance qu'on a
eu en elles , pour le ménagement des
interêts de la Banque. À égalité de circonstances , les Directeurs devront donner la préférence aux maisons de commerce qui auroient des actions à la Banque , afin de leur présenter un motif
de plus pour contribuer à ses progrès.

XXVII.

Quoique les Directeurs de la Ban-
f 4

que et des provisions , ayent par eux-
mêmes la faculté de nommer les commis pour leurs districts , ils ne pourront
les congédier , sans déduire les motifs
dans une assemblée particuliére de la
Direction ; il en sera de même pour le
changement des correspondances , bien
entendu que la Direction seule aura
connoissance de ces motifs qui devront
être ignorés du Public , afin d'éviter
les procès qui pourroient avoir lieu.
Les Commis de la Banque seront pré-
venus , qu'ils ne seront jamais re'çus à
reclamer en justice , contre l'acte par
lequel ou les aura congédiés , ni obliger la Banque à soutenir un procès , ou
répondre à aucune requête à cet égard.

XXVIII.

Le caissier et le teneur général de
livres seront à perpétuité , mais ils devront avoir leurs écritures à jour , de
maniere qu'on puisse connoître l'état de
la Banque à toutes heures.

XXIX.

La Banque ne pourra s'écarter par
aucun motif , ni sous aucun prétexte,
des trois objets de son institution , fai-

re aucuns achâts ou ventes, ni toute autre spéculation, afin de ne pas préjudicier aux particuliers : j'en excepte toutes fois le cas ou je jugerai à propos de lui donner quelques commissions utiles de ce genre à remplir dans des pays éloignés, ou la charger de quelques objets tendant à favoriser l'agriculture, et les fabriques dans une ou plusieurs Provinces.

XXX.

Les Etrangers pourront, comme il est dit à l'art. VII, prendre des actions dans cette Banque en leur propre nom, et avoir voix dans ses assemblées ; mais ils ne pourront être Directeurs, ni exercer aucun des autres emplois de la Banque, s'ils ne sont naturalisés et domiciliés dans ce Royaume. Les Etrangers absents pourront envoyer une procuration à des individus de la nation, ou domiciliés en Espagne, pour avoir voix délibérative dans les assemblées ; mais s'ils se trouvoient dans ce Royaume, ils pourront assister et voter par eux-mêmes, pourvu qu'ils soient dans l'hypothése énoncée dans l'art. XX. je déclare et j'ordonne qu'en cas de guerre avec les puissances dont ces actionnaires seroient sujets, leur propriété sera regardée comme inviolable et protégée par le droit des gens ; qu'ils en jouiront comme en tems de paix ; & qu'ils pourront disposer de leurs actions, comme il leur conviendra. Je déclare en même tems qu'à leur mort, les actions de cette nature appartiendront et passeront à leurs héritiers, suivant les loix du pays où ils auront pris naissance, en le faisant conster juridiquement.

XXXI.

La Banque se conformera dans ses procès au systême général de la Monarchie ; desorte que, dans les lieux où il y aura un Consulat, celui-ci en connoîtra, et à défaut les Tribunaux compétants, avec appel dans les formes prescrites par les loix. Quoique la Banque devra être considerée comme les personnes les plus privilégiées, pour ce qui concerne l'administration de la justice ; s'il survenoit quelque discution judiciaire, relativement aux affaires particulieres de la Banque, de son administration, assemblées, observation de ses statuts ou loix, elle sera décidée par un Magistrat qui sera par moi nommé, avec réserve d'appel au Conseil de la chambre de justice.

XXXII.

Je déclare que toute lettre acceptée sera exécutoire comme un acte public, et qu'à défaut de payement par l'accepteur, l'endosseur, en faveur de la Banque, sera tenu de la payer, et à défaut de celui-ci, l'endosseur antérieur, et progressivement le tireur, sans que sur cet article on puisse élever des doutes, des opinions et des disputes.

XXXIII.

La Banque jouira du privilege Royal d'hipoteque contre les biens de tout accepteur, endosseur, ou tireur, sans en exclure les biens substitués, de la même maniere qu'on le pratique pour les contrats à rente constituée sur ces mêmes biens, faits avec l'autorité du Roi.

XXXIV.

La Banque ne sera point tenue de faire quand les accepteurs ou premiers endosseurs, feront un concours de créanciers, ou cession de biens, ou que le

payement deviendra compliquè, diffi-
cile, tant à raison desdits creanciers,
que pour toute autre que ce puisse
être ; et dans ce cas un simple certi-
ficat de l'obstacle survenu contre les
uns , servira pour fonder ce recours
prompt et exécutif contre les autres
endosseurs , et les obliger au payement.

XXXV.

Pour assimiler sur cet objet essentiel le reste de mes sujets à la Banque,
j'ordonne que les dispositions des trois
articles précédents soient regardées
comme une loi générale (restreignant
toutes fois à la Banque seule le privilege d'hypothéque , et le droit de pro-
ceder contre les majorats ou biens substitués); et qu'en conséquence il soit expédié par mon Conseil une Pragmatique ou cédule , tendante spécialement à
faire exécuter , dans toute leur teneur,
ces regles essentielles au commerce,
dont la bonne foi exige que le payement des lettres de change soit prompt,
chaque négociant devant examiner au
préalable , celles q'il tire , endosse ou
accepte.

XXXVI.

La Banque devra louer ou acheter une maison commode pour y placer des Bureaux et sa caisse ; elle devra d'ailleurs y choisir un lieu spacieux et commode dans lequel, sans interrompre ses fonctions intérieures, tous les Banquiers, Négociants, Agents de change et courtiers puissent s'assembler , depuis onze heures du matin jus qu'à une heure après midi , pour y faire leurs négociations de lettres , actions , ou autres effets quelconques. Cette publicité est, sans contredit , un des meilleurs moyens qu'on puisse mettre en œuvre, pour rémedier à ces usures et ces monopoles que l'avarice exerce toujours dans l'obscurité.

XXXVII.

Les Directeurs de la Banque en exercice assisteront aux heures déterminées à l'article XV , pour escompter les lettres de change , billets d'Etat et billets à ordre des particuliers , à raison de quatre pour cent par an , en les payant en effectif. Ils seront également chargés de faire dans les pays étrangers, tous les payements dont etoit ci-devant chargé un Bureau particulier destiné à cet effet. Ils feront conster chaque payement à mon Trésor Royal , en exhibant les reçus originaux , une copie certifiée et signée des comptes qui y seroient relatifs , et en y ajoûtant un pour cent de commission au profit de la Banque. Ils porteront aussi au rang des frais l'intérêt des avances dans lesquelles la Banque pourroit être constituée , à raison de quatre pour cent par an , et percevront la somme totale à mon Trésor Royal. Si celui-ci veut éviter l'intérêt des dites avances , il pourra remettre à la Banque les sommes qu'il croira nécessaires , et il lui sera ouvert un compte courant par la Banque , qui en le débitant des payements faits pour son compte , le créditera des sommes qu'il en recevra.

XXXVIII.

La Banque ne pourra admettre à l'escompte aucune lettre de change , ou billet à ordre qui excede le terme de trois mois , et qui n'ait aumoins trois signatures connues et acréditées , parmi lesquelles , une au moins devra être d'une maison établie à Madrid ; laissant d'ailleurs à la prudence des Directeurs la faculté de rejetter les letres et billets à ordre , qu'ils croiroient n'avoir point le degré de solidité suffisante ; et relativement à l'admission des billets d'état, la Banque devra se conformer aux Cédules Royales de leur création.

XXXIX.

Lors qu'un actionnaire par commodité ou par besoin voudra user du capital de ses actions , il pourra le prendre à la Banque sur son billet , jus qu' à l'inventaire immediat , c'est-à-dire, pour trois , six , neuf ou douze mois. Ce billet sera escompté par la Banque, comme tout autre , à raison de quatre pour cent par an ; mais alors l'actionaire escompteur devra déposer ses actions à la caisse de la Banque pour la sûreté de cet établissement , dont la regle élémentaire sera de ne se mettre jamais à découvert pour personne , ou d'avoir tout aumoins trois sûretés. Si à l'écheance du billet , qui tout au plus devra être d'un an , l'actionaire ne payoit point son billet , ses actions resteront à la Banque qui se les appropriera , à un demi pour cent de rabais, sur le cours qu'elles auroient ; ensorte que l'activité et les opérations des particuliers ne se trouveront jamais ralenties par le placement de leurs fonds dans les actions de la Banque, puisqu'ils les trouveront prets des quils en auront besoin , moyennant un interêt modique, et inférieur à celui qu'ils retireront desdites actions.

X L.

Les deux Directeurs des fournitures auront soin de transmettre les ordres qu'ils recevront des Départements de la Guerre et de la Marine à leurs correspondants de l'interieur et du dehors du Royaume , pour les achats et les livraisons. Ils pourront nommer les Commis nécessaires au Bureau de Madrid ; mais ils auront soin de les choisir instruits dans le genre d'affaires. Dans toutes les autres places ils devront choisir , pour leur correspondants , les premieres maisons de commerce , évitant , autant qu'il sera possible , d'envoyer des factures ou d'établir des comptoirs , à moins que dans certaines occasions , la Banque ne trouvât de l'économie à suivre ce systême.

XLI.

Ces Directeurs étant chargés de la Régie de toutes les fournitures , ils devront donner et présenter les comptes suivant l'usage du commerce , en les accompagnant en même tems des comptes ou factures originales des commissionnaires chargés des achâts ou des livraisons ; et à cet effet , les commissionaires devront toujours remettre leurs comptes par duplicata , pour que l'un reste à la Banque , et l'autre au Trésor Royal , comme titre justificatif.

XLII.

La Banque ne pourra être chargée de la dite Régie , que lorsque le tems réputé dans les traités faits pour la fourniture de l'armée et de la marine sera écoulé , à moins que les pourvoyeurs actuels n'aiment mieux s'en désister. Les dits pourvoyeurs auront comme la Banque la faculté mutuelle de s'arranger comme ils l'entendront pour les existences relatives aux dites fournitures , les uns et les autres devant néanmoins, en cas de doute , se soumettre à ce qui auroit été prévu à cet égard dans le traité antérieur.

XLIII.

Lorsque la Banque voudra extraire des especes, pour les payements qu'elle aura à faire pour compte de la cour dans les pays étrangers, elle devra obtenir les dépêches nécessaires, et payer les droits d'extraction comme tout autre particulier.

XLIV.

Les négociants ou les particuliers qui voudront faire leurs payements en Banque, le pourront; et il leur sera ouvert, à cet effet, un compte courant à la caisse de la Banque, qui les débitera des payements qu'elle fera pour eux, et les créditera de l'argent effectif, des billets Royaux, ou des lettres de change qu'ils lui remettront en provision, sous la déduction de l'interêt à raison de quatre pour cent l'an du terme de ces effets; par ce moyen les particuliers éviteront l'embarras de faire leurs payements chez eux, et pourront accepter ces lettres de change payables à la Banque. Les Actionnaires regleront dans la premiere assemblée le tant par mille que les négociants devront payer à la Banque pour frais de

Bureau par chaque partie de compte, à l'imitation de ce qui se pratique en Hollande ; ils pourront aussi stipuler ce qu'ils croiront plus convenable pour la sûreté , la simplicité et la facilité de ces revirements.

XLV.

Comme il n'est guére possible de prevoir dans les commencements d'un établissement quelconque , tous les inconvénients ou les avantages dont il peut être susceptible , et que la perfection en tout genre est le fruit du tems et de l'experience , les acionnaires dans leurs assemblées pourront amplifier , restreindre , corriger toutes les regles ci-dessus , en suivant toute fois leur esprit , et en communiquant au Public les Reglemens qu'ils jugeront convenables de faire. Mais lorsque ces innovations seront formellement contraires à quelques uns des articles de cette Cédule Royale , ils devront me les exposer par la voye du Ministre des finances , pourque je les approuve avant que l'on procede à leur execution.

XLVI.

Je permets au Sr. François Cabarrus d'imprimer et distribuer pour l'instruction publique, de concert avec les personnes désignées à l'article VIII, un mémoire ou prospectus, tendant à expliquer l'esprit et les regles de cette Cédule Royale.

Et pourque tout le contenu en icelle ait sa pleine et entiére exécution, j'ai expédié cette Cédule, en vertu de laquelle, j'ordonne à tous, et à chacun de vous en particulier, que vous ayez à publier et faire observer dans l'etendue de votre district et de votre jurisdiction, cet acte de ma volonté Royale sans y contrevenir, ni permettre qu'on y contreviene en aucune maniere; mais qu'au contraire vous les ayez à les observer et faire observer litteralement et ponctuellement dans toutes ses dispositions, regles et formes, nonobstant toute loi, usage ou ordre contraire, que pour cet effet je déroge, annulle et supprime en tant que besoin est, voulant que l'on ne reconnoisse et suive que la loi actuelle, suivant sa forme et teneur, et que sans exception aucune, tous juges, Tribunaux Ordinaires, Consulats ou autres de quelque nature qu'ils puissent être s'y conforment en entier : car telle est ma volonté, et j'ordonne qu'on ajoûte la même foi aux copies de cette Cédule Royale, signées par D. Antonio Martinez Salazar, mon Secretaire, et premier Greffier en chef de mon Conseil, qu'à son original. Donné à Aranjuez le 2 Juin 1782. = Moi le Roy. = Moi Don Juan Francisco de Lastiri, Secretaire de S. M. ai fait écrire de son ordre la présente Loi. = Don Manuel Ventura de Figueróa. = Don Luis Urries et Cruzat. = Don Manuel de Villafane. = Don Manuel Doz. = Don Thomas Bernad. = Enregistrée au Conseil, Don Nicolas Verdugo. = Lieutenant du Grand Chancelier.

PRAGMATIQUE SANCTION

DE S. M.

*Qui déclare et établit les regles à ob-
server dans l'acceptation et le payement
des lettres de change, pour éviter les
tergiversations des parties, & les jugements arbitraires des Tribunaux.*

Charles, par la grace de Dieu Roi
de Castille, &c. au Serenissime Prince
des Asturies, mon très-cher et bien-
aimé fils ; aux Infants, Prélats, Ducs,
Comtes, Marquis, Riches-hommes,
Prieurs, Commandeurs et sous-Com-
mandeurs des Ordres Militaires, Gouverneurs des Châteaux, forteresses, et
Palais, aux gens tenant mon Conseil,
Presidents et Auditeurs de mes Audiences, Alcaldes, Alguaciles de ma Maison, Cour et Chancelleries, et à tous les
Corregidors, Assistant, Gouverneurs,
Alcaldes majeurs, et ordinaires, et à
tous autres Juges, et Justices de mes
Royaumes, tant Royaux que Seigneuriaux, Abbatiaux et des Ordres Militaires de quelque rang, état, condition,

qualité et prééminence qu'ils puissent être, qui le sont actuellement et qui le seront à l'avenir, à tous et un chacun de vous en particulier : Sachez, que quoique les mesures prises en divers temps sous les deux derniers Regnes, pour la Régie des revenus de mon Royaume, ayent en partie diminué les abus qui, depuis le Regne de Philippe Second, avoient forcé un grand nombre de personnes instruites dans les opérations du commerce et le maniement des finances, à reconnoitre la nécessité d'établir des caisses d'escompte ou Banques publiques pour faciliter la circulation de l'argent, sans vexer mes sujets par des usures et des monopoles ; cependant ce projet, qui leur eût été si avantageux, n'à pu avoir lieu jus qu'à ce jour, et c'est le concours des affaires présentes qui a fait imaginer un moyen capable de remedier à toutes les difficultés qui pouvoient naître des moyens à prendre, pour atteindre aux nécéssités de la présente guerre contre la Grande-Bretagne. Dans cette vue, après biens des examens faits par mes Ministres et autres personnes de ma confiance, ainsi que par

ceux qui représentent les differens ordres de l'Etat, j'ai résolu d'établir une
Banque Nationale et générale sous la
dénomination de SAINT CHARLES, et conformément aux regles prescrites dans la
Cédule expédiée en date du même jour
que la présente Pragmatique. Dans ces
regles sont comprises diverses déclarations que l'on a cru devoir faire, pour
éviter les tergiversations et les senten-
ces arbitraires sur l'acceptation et le
payement des lettres de change, accordant, en faveur de la Banque, une grace et un privilege particulier contre
les majorats ou biens substitués ; mais
voulant que ce point excepté, le sort
de mes sujets fût entiérement le même
que celui de la Banque, parcequ'il est
essentiel à la boune foi du commerce,
que le payement des lettres de change se fasse promptement et sans nul
retard, chacun devant bien consi-
derer avant toutes choses les lettres
qu'il tire, endosse ou accepte ; j'ai
jugé apropos d'expédier cette Lettre
et Pragmatique Sanction qui aura
force de Loi, et je veux qu'elle ait la
même vigueur que si elle eût été pro-
mulguée dans une assemblée des Etats

généraux : et en conséquence je déclare comme regle générale , constante et inviolable ; que toute Lettre acceptée soit exigible par voie de contrainte , de la même maniere que si ce fût un contrat passé par devant notaire ; et qu'à défaut de payement de la part de l'accepteur le dernier endosseur soit contraint de la payer à celui qui en sera le porteur ; et si le dernier endosseur se trouve hors d'état de payer , l'antérieur sera obligé de l'acquitter , toujours par voie de contrainte , et ainsi de suite jusqu'au Tireur , sans qu'aucun Tribunal puisse admettre sur ce point ni doutes, ni exceptions, ou réclamations quelconques ; et sans que le porteur de la lettre de change soit non plus dans le cas d'attendre le résultat du concours de faillite qu'auroit fait l'accepteur , ou un des endosseurs de ladite lettre : il lui suffira donc de faire conster l'empechement qu'il éprouvera pour recourir promptement , et par voie de contrainte , contre tous les autres obligés au payement de ladite lettre de change. Et afin que le contenu dans cette Pragmatique Sanction ait son plein et entier effet , et que le Cours

des lettres de change , sans distinction
de rangs , ni de personnes , soit degagé
de toute espece d'entraves et de délais
artificieux , dont la chicane embarrasse
souvent la bone foi si nécessaire aux
progrès de l' industrie nationale , j'ordonne aux gens tenant mon Conseil,
Président , et Auditeurs de mes Audiences et Chancelleries , et à tous autres
Juges et Justices de mes Royaumes à
qui il appartiendra , qu'ils ayent à tenir la main à son exécution ; et se con-
formant à tout cequi y est contenu , ils
donnent les ordres nécessaires pour em-
pêcher que l'on ne contrevienne en aucune maniere aux dispositions de la
Pragmatique Sanction ; qu'au contraire
ils la fassent observer et garder ponctuellement et à la lettre , telle qu'elle
se comporte , nonobstant toutes ordonnances , arrets , déclarations , usages
et contumes à ce contraires : car quant
à cela j' y déroge , et le donne pour nul
et de nulle valeur , et j'entends que toutes les dispositions qui se trouvent faites ici s'exécutent précisément , sans aucune exception , et que tous les Juges et
Tribunaux ordinaires , les Consulats s'y
conforment dans leurs jugements de

quelque nature qu'ils soient et sans aucune différence , ordonnant , afin qu'on
n'en prétende cause d'ignorance , de la
faire publier à Madrid et dans toutes
les autres Villes , Bourgs , et Villages
de mes Royaumes suivant la forme
acoutumée ; car telle est ma volonté,
voulant d'ailleurs qu'aux copies impri-
mées de la présente Pragmatique , lesquelles copies seront signées de Don
Antonio Martinez Salazar , mon Secretaire et premier Greffier en chef de
mon Conseil , même foi soit ajoutée
qu'à son original. Donné a Aranjuez
le 2 Juin 1782. = Moi le Roi. = Moi
D. Juan Francisco de Lastiri , Secretaire
du Roi ai fait écrire par son ordre la
Loi qui précede. = D. Manuel Ventura
Figueroa. = D. Luis Urries y Cruzat. =
D. Manuel de Villafañe. = D. Manuel
Doz. = D. Thomas Bernad. = Enregistrée , D. Nicolas Berdugo. = Le Lieutenant du Grand Chancelier , D. Nicolas Berdugo.